Canti di varie religioni e filosofie

Dawio Bordoli e Donatella Santocono
in collaborazione con Maria Theresia Bitterli

Ringraziamento

Ringraziamo di cuore Maria Theresia Bitterli per il suo contributo nell'allestimento di 9 testi con i relativi accordi e per il suo prezioso aiuto nella pubblicazione di questo ispirante libro di canti di varie religioni e filosofie.

Seconda edizione 2019

© Studio Ishvara Lugano

studioishvara@hotmail.com

Herstellug und Verlag

BoD– Books on Demand,

Norderstedt

ISBN: 9783748171195

Sommario

1. Gruppo di meditazione e canti Ishvara (preced.: Saraswati)

Siamo un gruppo di amici che s'incontrano per condividere dei momenti di meditazione, di canti di varie religioni e filosofie e corsi/seminari di crescita personale e spirituale.

I partecipanti mettono in pratica gli insegnamenti di Ishvara, Essere di Luce, Guida spirituale, che si fondano su tre principi cardini che sono la libertà (libero arbitrio), la luce (consapevolezza) e l'amore (amare sé stessi e gli altri).

Svolgimento degli incontri:

3 OM iniziali

Mantra: Om Namo Ishvaraya Namaha (21 minuti)

10 minuti di meditazione silenziosa

Canti spirituali di varie religioni e filosofie

Zen-Satsang con Ishvara

10 minuti di meditazione silenziosa

3 OM finali

Condizioni attitudinali per la partecipazione alla serata:

Durante l'esecuzione dei canti va mantenuta un'attitudine di ascolto reciproco e di carattere meditativo.

Tra una canzone e l'altra è richiesto un atteggiamento silenzioso, salvo per quel che concerne le proposte musicali.

Eventuali questioni legate allo svolgimento della serata oppure personali vanno discusse separatamente.

Chiunque è libero di lasciare la serata in ogni momento in modo silenzioso e discreto.

Ogni quesito riguardante il gruppo va discusso con tutti i partecipanti e ogni decisione va presa democraticamente.

Per la partecipazione alla serata è auspicabile un certo anelito verso la ricerca spirituale.

2. Saraswati

(Tratto in modo assolutamente libero e indipendente dai siti: www.ilcerchiodellaluna.it; www.sarasvati.it)

Saraswati (o Sarasvati), dea indù della conoscenza e delle arti creative. È generalmente raffigurata vestita di bianco, quale segno di purezza. Ha quattro mani per rappresentare quattro funzioni della personalità umana nel conoscere: mente, intelletto, vigilanza ed ego. Con la vina, strumento musicale, suona la musica dell'amore e della vita. Il mala (rosario), serve a ricordarci l'importanza della meditazione; il fiore di loto è indice di purezza e di divinità, mentre le sacre scritture sottolineano il suo legame con la cultura. I suoi animali sacri sono è il cigno e il pavone (che talvolta cavalca).

Saraswati: fiume divino, guarigione e fertilità

Saraswati ha le sue origini nel RigVeda, il più antico dei quattro Veda, composto fra 1300 e 1000 BC nell'India del nord-ovest. In questa raccolta di inni è associata con un fiume particolare, il mitico Saraswati, che da allora è scomparso ma che compare qui come il capo di tutti i fiumi. (Recentemente gli studiosi hanno accertato che effettivamente dal monte Kailash sgorgava il Saraswati, un fiume descritto come "enorme" intorno al quale si sviluppò la civiltà vedica e che dopo un eccezionale periodo di siccità durato per 300 anni - dal 2200 al 1900 a.C.- si disseccò completamente nelle sabbie desertiche del Thar).

Il fiume è chiamato spesso Grande Dea, e non è un fiume ordinario: proviene dal cielo e fluisce giù sulla terra, benedicendo e dando fertilità. In un inno si dice che pervade i tre regni della terra, dell'atmosfera e del cielo.

È associato con la fertilità e richieste vengono fatte a Saraswati per ottenere ricchezza, cibo, immortalità e figli. Saraswati è vista dunque alle sue origini come la Grande Madre.

La religione vedica era essenzialmente la religione di una popolazione nomade in cui il centro di culto non era un tempio fisso ma l'altare del fuoco, che poteva essere costruito dove la gente si muoveva. La venerazione del fiume Saraswati è significativa perché mostra una popolazione nomade che comincia a fermarsi. Un fiume era di massima importanza per fornire l'acqua per bere, per far crescere i raccolti e pulire e non è sorprendente che Saraswati sia stata vista come dea della nutrizione e della fertilità.

Saraswati è inoltre fin dai tempi più antichi una dea che aiuta alla nascita, invocata per una gravidanza e una nascita sicura.

Saraswati e la guarigione

Così come era una dea del parto, era anche uno dei guaritori divini insieme alle acque, i Rudra (Bhaivara o Shiva vengono a volte chiamati Rudra; "Ru" = malattia "dra" distruttore – colui che distrugge tutti i mali della vita) e gli Asvini (medici, dei).

Le acque hanno un posto centrale nel pensiero vedico. Nella cosmologia vedica la terra è un disco che galleggia sull'oceano e anche lo spazio ha le qualità di un oceano composto di due, tre o quattro mari. L'acqua circonda il sole e i sette fiumi vedici scorrono dal cielo. Le acque sono viste come la sostanza originale nel Brahman e un erudito,

Coomaraswamy, le ha descritte come la sede dell'ambrosia, la fonte di vita universale e la madre delle madri.

Le acque allora, come Saraswati stessa, sono nutrimento e guarigione. Sono viste come portatrici della forza vitale, forniscono il cibo e sono in grado di portare via la malattia. Questa capacità di pulire non è soltanto fisica, ma anche spirituale.

Saraswati e il Soma, la bevanda sacra

Anche se Saraswati non è identificata così precisamente come fiume nei testi successivi, continua ad essere associata con l'acqua, non soltanto con le nubi e la pioggia che può manifestare, ma anche con l'acqua in generale e la bevanda sacra Soma che pervade tutta la creazione.

Saraswati e la parola sacra

Anche se Saraswati è soprattutto una dea del più grande di tutti i fiumi (e quindi di nutrimento, fertilità, pulizia, ricchezza e prosperità) è anche descritta come colei che ispira le canzoni, le poesie, il pensiero e la consapevolezza della verità.

Questo è il seme del suo ruolo successivo come dea dell'apprendimento, dell'ispirazione e dell'eloquenza. Da fiume divino come è diventata una dea della cultura? Alcuni commentatori hanno suggerito che la transizione sia avvenuta a causa dei rituali sacri vedici che avevano luogo sulle rive del fiume Saraswati - la parola sacra è una componente vitale di questi rituali. In effetti sembra che le acque siano state identificate con la parola sacra così come con la guarigione. Ciò che dà corpo e nutre la parola sacra, così come la porta alla nascita, sono le acque.

I fiumi nella religione induista rappresentano l'idea della traversata da un luogo di ignoranza a uno di conoscenza. Il fiume è il luogo della transizione in cui il cercatore, nella sua ricerca spirituale, è purificato dalle acque, muore al suo vecchio io e rinasce. Anche se questo linguaggio figurato non è usato espressamente in relazione a Saraswati, è implicito nella sua associazione successiva con la saggezza e l'elevazione spirituale.

Sri Aurobindo traduce Saraswati con "lo scorrere, il movimento fluente" (altri lo traducono semplicemente come "il fluire"), un nome in grado di descrivere non soltanto un fiume, ma anche il discorso e l'ispirazione.

Sempre Sri Aurobindo vede Saraswati come l'ispirazione che viene dalla Verità-Coscienza, ella tramite l'azione costante dell'ispirazione riporta alla coscienza la verità nei nostri pensieri.

La radice sanscrita ha una gamma di significati che vanno dallo scorrere come un flusso, al suonare in generale, vibrare ad alta voce, comunicare o parlare, gridare con gioia, elogiare, glorificare, o adorare - dimostrando precisamente l'associazione delle idee che sono collegate a Saraswati.

Anche nella lingua italiana, il discorso, l'eloquenza e l'ispirazione sono descritti spesso metaforicamente in termini di acqua. Possiamo essere "fluenti" in una lingua straniera o dare un discorso "fluente", a volte l'ispirazione "fluisce ", a volte no... Si parla anche di "sete" di conoscenza.

Per l'epoca dei testi del 900 BC Saraswati viene identificata con vvc, la dea della parola.

Ella domina su di ogni cosa; sostiene gli dei e trasporta la divina bevanda della visione e dell'immortalità (il Soma). Attraverso di lei vengono effettuati i rituali che aprono al mondo degli dei. È lei che permette agli esseri umani di percepire, sentirsi, respirare - persino mangiare. In altre parole è Saraswati che li rende vivi. Dà agli esseri umani la saggezza e la comprensione del mondo visionario e poetico dei grandi saggi, i rishi. A un livello più mondano, è il mezzo da cui gli amici possono riconoscere la loro amicizia, così la gente simile può trovarsi e condividere la propria comprensione del mondo.

La creatività del suono
Saraswati è descritta come la "mucca celeste" che sostiene sia gli dei che gli uomini.

Nei miti della creazione, si dice che Prajapati diventa feconda unendo la sua mente e il suo discorso. Un'altra versione suggerisce che la mente di Prajapati crea la parola che ha il desiderio di generare e moltiplicare ed estendersi. La combinazione della mente, o del pensiero e del discorso è una miscela potente e creativa. L'importanza delle parole si trova anche nella credenza che il mantra di una divinità è uguale alla divinità stessa. Molti testi indù successivi trasmettono l'idea che il mondo è stato generato e viene regolato attraverso il suono.

Si dice che la sillaba Om contenga l'intero processo della creazione.

Nell'induismo successivo, Saraswati è associata con il dio Brahma e quindi ancora con la creazione. Brahma decide di generare il mondo ed entra nella meditazione che permette al suo corpo di dividersi in due parti, il maschio e la femmina. La sua metà femminile è Saraswati insieme generano Manu che procede nella creazione del mondo.

Inoltre è associata con Krishna che si divide nel maschio e nella femmina, nel Purusha e nel Prakriti, nello spirito e nella materia, per dare inizio alla creazione. La parte femminile ha cinque sakti (shakti) o energie dinamiche e Saraswati è la sakti (shakti) la cui energia specifica è di pervadere la realtà con la comprensione, la conoscenza e l'insegnamento.

Ci sono molti epiteti di Saraswati che sottolineano il suo collegamento con la parola, come: Vagadevi "dea della parola", Jihvagravasini "dimora nella parte anteriore della lingua" e Kavijihvagravasini "lei che abita sulle lingue dei poeti". Altri epiteti inoltre la identificano con l'energia del pensiero da cui nasce la parola come: Smrtisakti "la base della memoria", Jnanasakti "la base della conoscenza", Buddhisaktisvarupini "di cui la forma è la base dell'intelletto", Kalpanasakti "che forma le idee" e Pratibha "lei che è intelligenza".

Saraswati, dea della cultura

Il pensiero umano, la memoria e l'intelligenza creativa hanno creato la cultura e così Sarawati è divenuta la dea della cultura. È l'ispirazione dietro le arti, invocata spesso dai poeti, ma anche connessa con la musica, la danza e la scienza. Saraswati viene descritta solitamente con una vina o un flauto e un libro sacro.

La conoscenza umana e la relativa espressione ed esposizione nel discorso erano venerati come sacri. Con la conoscenza l'umanità poteva portare l'ordine nel caos e interagire con le forze supernaturali dell'universo; il rituale e il relativo uso della parola negli inni e nelle invocazioni era un sostegno dell'ordine cosmico. Il suono ispirato sotto forma di preghiera, invocazione e inno, era il motore del rituale.

Trascendenza e purezza

La bianchezza, il cigno e il loto sono associati tipicamente con Saraswati. Il tema qui è quello della purezza e della trascendenza. Si dice che sia luminosa come la luna, la cui purezza è ardente ed è interamente virtuosa e spirituale, a differenza di altre dee indù che sono identificate con la fertilità e la sessualità. Saraswati dà alla luce le opere d'arte piuttosto che i bambini e nei miti su di lei, la sua funzione sessuale non è evidenziata.

Come abbiamo detto prima considerando il simbolismo del fiume nella religione indù, a lei sono associate la trascendenza, con l'idea del movimento dall'ignoranza verso la conoscenza, la rinascita. Si è evoluta dalla funzione di purificazione e di pulizia come acqua, a essere lei stessa l'incarnazione della purezza. Il loto è un simbolo della trascendenza, che emerge dalle acque fangose intatto nella sua bellezza; Il cigno è un simbolo della trascendenza e della perfezione in tutto il pensiero indù e, come nota Kinsley, il volo di Saraswati sopra il mondo a cavallo del cigno, descrive il mondo della creazione artistica che ha permesso agli esseri umani di oltrepassare le limitazioni del mondo fisico e di generare la bellezza e la perfezione.

Le tre dee

Saraswati a volte compare in un gruppo di tre dee. È associata con Ila e Mahi o Barati.

Altre volte compare nel gruppo delle dee che formano Gayatri (il mantra Gayatri, il più noto dei mantra indù): Gayatri (la Padrona del nostro Prana), Savitri (il Principio vitale) e Saraswati (la rappresentazione della nostra parola, del linguaggio).

E ancora nella triade lunare Durga, Lakshmi e Saraswati. Durga rappresenta il combattimento (la Vergine Guerriera), Lakshmi rappresenta l'abbondanza (la Madre Terra) e Saraswati rappresenta la saggezza (l'Antica che tutto conosce).

3. Il canto devozionale come disciplina spirituale

(Tratto in modo assolutamente libero e indipendente dal sito: www.osssbi.it, Organizzazione Sri Satya Sai Baba Italia)

"...Dio non può resistere al canto che sgorga dal cuore dei suoi Devoti. Diventa "Uno" con essi. Non c'è forma di adorazione che abbia lo stesso effetto come quella di cantare sentitamente dal cuore la gloria di Dio. È sufficiente cantarla mentalmente. Fate che la musica sia il passaporto per immergerVi nel Divino. La musica è un dono di Dio."

Non avete bisogno di cercare l'Amore in giro. È tutto dentro di Voi. Se veramente desiderate sperimentare Dio, dovete tenere in mente sempre i Nomi di Dio. Piangete lacrime di devozione di fronte la figura del Signore. Allora sperimenterete il Signore.

Riempite la Vostra mente di Amore. Anche quando siete presi dalle Vostre faccende quotidiane, considerate le Vostre azioni come offerte a Dio. Dio è onnipresente. Vedete Dio in tutti gli esseri e in tutte le cose. Lasciate che l'Amore cresca nei vostri cuori come la luna piena..."

(Dal Discorso Divino di Sri Satya Sai Baba del 23 Novembre 1996)

Baba introduce sempre i Suoi discorsi con un breve canto melodioso e in questo esempio che Sai Baba ci dà possiamo scorgere come il canto è connesso con il Cuore, con l'essenza Divina del puro Amore.

La musica, non ha forma, il disegno armonico si compone di dissonanze e consonanze, funzionali le une alle altre, che si alternano nel Silenzio che le contiene. Per questo è definita lo specchio dell'Universo e la sua essenza non la si può comprendere tanto nella mente quanto nel cuore.

Perché cantare i bhajan?

Sai Baba sottolinea spesso il fatto che la musica è uno dei principali canali per l'evoluzione dell'uomo e ci porge la "gemma" del canto devozionale come strumento per l'espansione del cuore e la purificazione della mente.

Anche se cantare il nome di Dio è già in sé un atto che comunque ci connette a Lui, indipendentemente dal grado di consapevolezza con cui viene fatto, il primo approccio dovrebbe partire dalla ferma convinzione che il canto devozionale (specialmente di gruppo) è uno strumento fondamentale atto ad espandere quella vibrazione di puro Amore che è silenziosamente presente nel nostro cuore. È perciò di primaria importanza avere presente che attraverso il canto devozionale possiamo entrare in contatto con la parte più profonda del nostro Essere che è Lui: il puro Amore.

Attraverso il canto dei bhajan vengono coinvolte e armonizzate tutte le qualità dell'uomo (guna).

TAMAS - il corpo

Al contrario di quanto siamo portati a pensare comunemente, nel canto sono coinvolti non solo polmoni e corde vocali ma tutti gli organi che vanno dai genitali alle cavità di risonanza.

RAJAS - Il sentimento

Le vibrazioni rajasiche presenti nell'uomo, (i sentimenti e le passioni) vengono offerte a Dio nell'intento dell'atto devozionale.

SATTVA - Il mantra

È l'intento nella disciplina e l'offerta del canto al Signore.

Pronunciare il Nome di Dio (Namasmarana) fa risuonare la Sua presenza in noi.

La musica, inoltre, fa parte dell'aspetto satvico proprio perché non ha forma e riflette un ordine superiore.

Lo scopo di tutte le discipline spirituali è quello di favorire la realizzazione della nostra Realtà ultima, l'Atma.

Nella musica, il principio dell'armonia si fonda sulle relazioni dinamiche fra la combinazione di eventi sonori che si esprimono nella simultaneità (accordo) e nel tempo (ritmo e melodia). Tensione e riposo, dissonanza e consonanza., piano e forte, battere e levare, sono gli elementi principali (duali) che costituiscono queste relazioni.

Leggendo un trattato di armonia musicale (Paul Hindemit ecc.) si ha spesso la sensazione di scorgere degli insegnamenti spirituali. Nell'osservazione attenta di un'armonia musicale, possiamo così avere la percezione di come noi stessi possiamo essere la stessa musica che anima tutto l'Universo e che ogni elemento svolge la sua precisa funzione. Per avere chiari gli obiettivi principali di questa pratica, cercheremo via via di approfondire le "linee guida" che Baba stesso ci ha dato e che possiamo ritrovare nei nostri Bhajanavali.

Vibrazione, potenza Divina

"Quando tutti i partecipanti cantano un bhajan all'unisono, quali sacre vibrazioni e quanta energia Divina vengono prodotte. Quando queste vibrazioni riempiono il mondo, quali cambiamenti non si possono effettuare! Quando si canta da soli, il cuore si fonde con il canto. Ma quando molti cantano insieme esso acquista una Potenza Divina."

Tutto ha origine dal suono primordiale (Pranava) persino le emozioni e, perché no, anche il Karma, non è forse la risonanza ad una vibrazione prodotta dall'azione?

Cos'è la vibrazione?

Ci sono tanti tipi di vibrazione e appartengono allo stesso principio.

Per vibrazione si intende: OSCILLAZIONE - Alternanza di Positivo e Negativo intorno ad un punto 0. Sul principio della vibrazione si basa la fisica quantistica che definisce la struttura della materia come attività vibrazionale data da campi energetici positivi e negativi.

Se nell'uomo non esistesse già qualcosa che risuona alla musica, essa non avrebbe ragione d'essere.

Perché c'è una musica che ci rende allegri, una musica che ci fa sentire malinconici, un'altra che risveglia in noi un senso di innamoramento ecc.?

Si può parlare di principio delle "risonanze" e dire che la base del nostro essere é Suono e che, come già accennato, le emozioni stesse sono "risonanza". Se qualcuno ci fa un torto e noi di conseguenza ci arrabbiamo, non abbiamo fatto altro che risuonare alla vibrazione del torto.

L'invito di Sai Baba a parlare dolcemente e a fare il bene, ne trova in questo contesto una piena conferma.

"Il canto del bhajan è una buona disciplina per tenere lontani "Kama" e "Kroda" (tendenze demoniache). "Kama" è il desiderio del piacere fisico, del potere, della fama, della ricchezza e del sapere. "Kroda" è l'ira che scaturisce dai desideri vanificati. In questa era di ansia e paure, il ricordo del Signore e la ripetizione del Suo Nome sono i soli mezzi per giungere alla Liberazione che è accessibile a tutti."

Come esiste una risonanza ad una vibrazione, azzardiamo che possa esistere una risonanza contraria ad una non-vibrazione; Kama e Kroda compaiono negli esseri umani quando essi non sono in contatto con la loro vibrazione reale: l'Amore.

Il canto dei bhajan svolge la funzione di riattivare questa vibrazione facendo così svanire Kama e Kroda come neve al sole.

È superfluo affermare che l'Amore sia la più potente delle vibrazioni.

Primi risultati della pratica dei bhajan

"I bhajan sono un'esperienza esaltante e devono riempire i partecipanti di pura energia ed elevato entusiasmo".

"Ciascun bhajan renderà la mente pura, libera dalla passione e più forte nella fede".

Nella pratica di gruppo possiamo sperimentare la Divinità trascendendo il senso di individualità ed è evidente che tutto questo richiede un approccio diverso da quello più frettoloso e un po' egocentrico al quale siamo abituati.

L'Amore é un'istanza di tutti gli uomini, ma quanti riescono ad esprimere liberamente questa potente vibrazione? Perché nel nostro canto che è espressione d'amore c'è tutto questo pudore? Cosa temiamo di noi stessi?

Nell'arco di un anno, molte delle persone che hanno frequentato la scuola bhajan hanno potuto constatare notevoli miglioramenti sul piano vocale-musicale ma soprattutto in una maggiore spontaneità nei rapporti umani e in uno spirito di gruppo particolarmente carico d'amore.

Veracità, immediatezza, spontaneità e spirito di cooperazione sono le prime gemme che il Canto Devozionale dovrebbe restituire.

Bhajan come disciplina spirituale

"Cantare i bhajan è una Sadhana per tutti coloro che ne prendono parte."

"Al fine di salvaguardare la concentrazione dei presenti, i ritardatari dovrebbero prendere posto nelle file posteriori aspettando che prima venga ultimato il bhajan in corso."

"Durante l'esecuzione dei Bhajan, evitare di guardare gli altri, sorridere o salutare, è un atto d'amore e di rispetto nei confronti di tutti i presenti."

Di queste regole poche sono quelle delle quali dimostriamo piena consapevolezza, soprattutto per ciò che riguarda gli aspetti legati, come Sai Baba ci insegna, alle "tre D": DISCIPLINA, DOVERE e DEVOZIONE.

Per chi è vissuto per molto tempo imprigionato nelle gabbie della mente, il canto rappresenta sovente un momento altamente liberatorio fine a sé stesso e in sé non c'è niente di male. Le regole della pratica riflettono l'ordine armonico peculiare della musica e non servono a frustrare un momento di gioia bensì ad arricchirlo di maggiore consapevolezza.

Devozione

Raccoglie in sé l'intento del cantore. Nel momento in cui il cantore riesce a cantare spontaneamente esprimendo Amore sincero è in stato di Devozione.

Se gli occhi sono lo specchio dell'anima, la voce ne è l'altoparlante. Succede spesso, le prime volte che si ha un approccio con il canto devozionale, una forte tendenza, inconscia, a camuffare la propria voce - ingolando il suono, cantando sguaiatamente o al contrario con voce timida e flebile quasi sempre per condizionamenti dell'ego (come l'ego si manifesta nell' auto-esaltazione si manifesta anche nell'auto-squalifica). Il primo passo del cantare con devozione sarebbe quello di sperimentare la propria voce così com'è, senza sforzo, con la stessa naturalezza di quando parliamo e senza che la mente vada a creare contrazioni nella gola o in altre parti del corpo. In questo modo potremo offrire a Dio il nostro canto come "testimoni innamorati", e non "critici musicali" del proprio modo di cantare.

Nello studio della musica, la devozione ha un aspetto fondamentale.

Rimettere a Dio (il Sé) il risultato della pratica, senza aspettative da parte nostra, significa imparare molto più velocemente. La musica chiede fluidità quindi distacco e neutralità nell'azione; l'ego produce l'effetto contrario: contrazione e accanimento verso limiti che naturalmente esistono.

Dovere e disciplina

"Dovere senza Amore è deprecabile, dovere con Amore è auspicabile, Amore senza dovere è Divino!"

È una parola già contenuta nell'espressione "disciplina spirituale" che non significa affatto rigidità.

Le direttive che Sai Baba ci ha impartito vanno più che mai interpretate per il loro profondo senso funzionale e per lo sviluppo delle nostre facoltà più profonde. Nel caso della disciplina ci viene chiesto un esercizio di consapevolezza dove l'intento trae forza dall'attenzione che noi poniamo nell'azione che stiamo compiendo e ricordandoci sempre che mai come nel canto collettivo siamo parte dell'Uno.

Si eviterà, per fare un esempio, (durante la sessione bhajan) di suonare strumenti che non si sanno suonare tanto per il piacere di avere qualcosa per le mani e mandando magari fuori tempo tutto il gruppo, oppure voler cantare a tutti i costi un Bhajan che non si sapeva cantare.

Disciplina significa anche arrivare puntuali alle prove bhajan e parlare in maniera opportuna proprio come primo esercizio di armonizzazione.

Il gruppo bhajan è impegnato in un seva e chi vi appartiene sarà di buono o cattivo esempio per tutti gli altri devoti. Per chi canta o suona in un gruppo bhajan, la regolarità quotidiana nello studio della musica è fondamentale, è meglio studiare 20 minuti tutti i giorni che 3 ore saltuariamente.

L'assetto

"Non agitate il corpo come un pendolo e non battete le mani fuori tempo rispetto agli altri. È opportuno mantenere il perfetto silenzio e, mentre si è seduti, ridurre i movimenti al minimo indispensabile."

In questa regola Baba ci invita a mantenere un "assetto" che faccia danzare ciò che è già dentro di noi, "agitando il corpo come un pendolo", non saremmo in grado di percepirlo. Se volessimo imparare a giocare a tennis dovremmo, prima ancora di imparare a colpire la pallina, curare l'impostazione delle gambe, del tronco e via dicendo. Questa è la base su cui si fondano tutte le discipline spirituali. Dio si manifesta nel silenzio e come si limitano le parole, anche l'immobilità del corpo è un modo per fare silenzio o, per meglio dire... spazio.

La postura del corpo è l'espressione dell'intento di colui che canta.

La posizione ideale per cantare i bhajan prevede la schiena dritta, ma non rigida, e i muscoli dell'apparato respiratorio (diaframma, addome e i muscoli della fascia che circonda i reni) in grado di lavorare senza costipazioni. Questi muscoli si dilatano quando inspiriamo e si contraggono quando espiriamo e si possono definire "i manici del mantice" che danno energia alla voce.

Quando proviamo delle forti emozioni la parte del nostro soma che subito ne viene interessata è lo stomaco con i suoi succhi gastrici proprio come la lava di un vulcano e come un vulcano con la sua forza esplosiva, lo stomaco, controllato dai muscoli della fascia addominale, è il centro da cui parte la spinta per l'emissione dell'aria, della voce e con essa delle emozioni.

Se si coglie il senso di "bellezza divina" che si può esprimere attraverso il canto, sarà difficile ricadere in una posizione ricurva e goffa di implicita autocommiserazione. La posizione eretta rafforza il senso di fiducia e autostima, cosa che Sai Baba richiede a tutti noi.

Al contrario, una posizione ricurva bloccherebbe la funzionalità del diaframma e dei muscoli addominali, limitando la quantità di immissione d'aria nei polmoni e di conseguenza la durata del suono e soprattutto il controllo dell'emissione.

Si può cantare in piedi o seduti su una sedia ma la posizione a gambe incrociate sembra essere quella in grado di esprimere maggiore eleganza, aspetto non secondario nell'espressione del canto al Divino.

Se nella posizione del Loto (Padma asana) dovessero esserci ragioni particolari che impediscono di stare eretti ci si può appoggiare a un muro ma se è solo per un senso di fastidio, un piccolo sforzo di volta in volta, ci permetterà in poco tempo di stare eretti con grande naturalezza.

Si può interpretare il momento del canto come un incontro d'amore con l'Altissimo, al quale ci presentiamo al meglio della nostra bellezza e naturalezza.

Per dare un'idea, gli studenti di Baba, prima di cantare i Bhajan si fanno regolarmente la doccia.

Che cosa potete acquisire facendo affidamento su un corpo simile? Potete solo accumulare dei peccati. Dovreste sostenere il corpo con l'unico obiettivo di servire gli altri. Avete assunto un corpo umano al solo scopo di servire i vostri simili. Sviluppate una salda convinzione in questa verità. Quale felicità potete ottenere dal corpo? In effetti, nessuna. Quali che siano i piaceri di cui potete godere con l'aiuto di questo corpo, un giorno o l'altro dovrete abbandonarli in un batter d'occhio, assieme al corpo stesso. Pensate che (valga la pena) di sottostare a tante prove e tribolazioni per questi piaceri momentanei? Dovete rispettare il 'jîva' nel corpo umano. Questo è il Daiva Sevâ, il vero servizio a Dio. Dovete dedicare il vostro corpo a questo servizio. Se lo farete, ogni minuto della vostra vita sarà fresco e nuovo. Ogni giorno sarà un giorno di festa. Invece, se fate servizio una volta l'anno, quello non sarà vero servizio. Deha (il vostro corpo) è composto di mrinmaya (i cinque elementi). La Divinità, che vi risiede come Abitante interiore, è Cinmaya (la Coscienza). Perciò, fate affidamento su questa Divinità e guadagnatevi la salvezza.

Bhajan - Ricerca della comunione con Dio

"I Bhajan dovrebbero essere cantati ed offerti a Dio, in un atteggiamento di totale umiltà; non devono essere considerati come esercizio per un'esibizione di talenti o come una competizione di maestria musicale. Devono piacere al Signore, non ai vostri ammiratori."

"I Bhajan devono essere un'esperienza sentita. Non guardate con un occhio all'effetto che il canto ha sugli ascoltatori e con l'altro all'effetto che ha sul Signore. Lasciate che il vostro cuore palpiti per Dio; allora melodia e ritmo (Raga e Thal) saranno automaticamente piacevoli e corretti."

Queste due regole evidenziano che la vera pratica del bhajan è la ricerca della comunione con Dio.

Per Essere (Sat) non c'è bisogno di applausi o qualcuno che ci approva per i nostri meriti.

"Finché canterete i Bhajan esclusivamente per la vostra gioia non potrete dare gioia agli altri. È solo quando il sentimento sgorga dal cuore che può raggiungere i cuori degli altri. Sai Baba è contento solo quando l'amore è la nota chiave, quando il sentimento di unità prevale, quando la melodia proviene da cuori puri, che amano il Signore."

Su questo punto Baba ci invita ad un semplice, ulteriore sforzo di attenzione sapendo benissimo che la purezza di un cuore la si coltiva giorno dopo giorno come una pianta dai fiori profumati.

Interiorizzazione e ascolto nel silenzio

"Sedete in meditazione per dieci minuti dopo la sessione pomeridiana di bhajan; e così va bene. Ma lasciate che vi chieda: quando vi alzate dopo dieci minuti e vi muovete, vedete tutti avvolti in una chiara luce e permeati della Divinità? Se non è così, la meditazione è una perdita di tempo."

"Amate di più? Parlate di meno? Servite gli altri con più sincerità? Questi sono i segni del successo nella meditazione."

"Il vostro progresso dev'essere dimostrato dal vostro carattere e comportamento.
La meditazione deve trasformare le vostre attitudini verso tutti gli esseri viventi e le cose, altrimenti è un'ipocrisia."

"Perfino la roccia, attraverso l'azione del sole e della pioggia, del caldo e del freddo, sarà disintegrata in fango e diventerà cibo per un albero. Perfino il cuore più duro può essere ammorbidito, sì che la Divinità possa germogliarvi dentro."

"Al termine dei Bhajan si dovrebbe meditare in silenzio dai cinque ai dieci minuti."

"Al termine dei Bhajan le persone dovrebbero allontanarsi mantenendo il silenzio, così che la gioia e la pace prodotte, potranno permanere a lungo nei cuori."

Dopo il canto dei Bhajan o la recitazione dei mantra, la meditazione che segue consiste nell'ascolto di ciò che queste vibrazioni hanno prodotto in noi. Varrebbe a dire che un sordo, a furia di provare ad ascoltare...riuscirà a sentire.

Come facciamo per l'OM, dopo aver cantato, inspiriamo, espiriamo e ascoltiamo in silenzio per qualche secondo.

L'orchestra: la pratica di gruppo come esercizio di armonizzazione

"Cantate con gioia e battete le mani poiché ciò aiuta a sostenere l'energia del bhajan. Ma se la vostra voce non è intonata, rimanete in silenzio; se non sapete suonare, non suonate; è il migliore servizio che possiate offrire."

"Gli strumenti musicali usati durante i Bhajan non dovranno sovrastare la voce del cantante e di coloro che rispondono. Se gli strumenti sono molti, si dovrà cercare di non suonare troppo forte."

Questa regola dovrebbe richiamare ulteriormente la nostra attenzione su ciò che accade nel corso del bhajan e questo vale soprattutto per chi fa parte del gruppo che conduce.

Va a questo punto posto l'accento sul fatto che l'utilizzo degli strumenti (soprattutto i tamburi e le piccole percussioni) richiede la cognizione della loro funzione specifica nell'organico musicale.

Accade spesso di vedere qualcuno acchiappare un tamburello o dei majira e suonare così, tanto per fare qualcosa.

"I Bhajan devono essere piacevoli all'ascolto. Prestate attenzione all'intonazione, al significato, alla varietà, alla voce, alla melodia (Raga), al ritmo (Thal) e a tutti gli altri punti importanti dei Bhajan."

La musica è un linguaggio carico di espressioni divine e porre l'attenzione su ritmo e melodia è una Sadhana.

Così come la musica riflette l'universo, abbiamo modo di sperimentare attraverso la sua pratica che gli strumenti di un'orchestra, se in accordo tra loro, possono creare, in virtù delle diversità timbriche, armonie celestiali, e non c'è nulla di più bello che poter sviluppare la consapevolezza di essere, nella vita, con uno di questi strumenti. Se sperimentata quali autentici, imparziali ricercatori...innamorati di Dio, la corretta pratica del bhajan dovrebbe rappresentare, per un gruppo, il punto di partenza di un processo di armonizzazione, il cui obiettivo è quello di sviluppare la consapevolezza di essere strumento nell'orchestra della vita.

4. A. Bhajan

1. Jai Jai Jai Gananayaka

Variante 2

Jai Jai Jai Gananayaka
Jai Jai Vigna Vinashaka
Jai Shubha Managala Dhayaka
Vidhya Buddhi Pradhayaka
Gajavadana Gowri Nandana
Gajavadana Gowri Nandana
Ganga Dhara Shiva Shambo Shankara

(Lam – Sol)   (Rem – Do)
(Sol – Lam)   (Do – Rem)
(Lam – Sol)   (Rem – Do)
(Sol – Lam)   (Do – Rem)
(Lam)   (Rem)
(Fa – Lam)   (Si^b – Rem)
(Lam – Sol – Fa – Lam) (Rem – Do – Si^b – Rem)

Salutations to Ganesha who removes obstacles and bestows auspiciousness, intellect and knowledge; to the elephant-faced son of Gowri and Shiva.

Acclamazioni a Ganesha, colui che rimuove gli ostacoli e che dispensa buona fortuna, buoni auspici, conoscenza e intelligenza. L'amato figlio di Gowri e Shiva dal volto di elefante.

2. Ganesha Sharanam

Variante 2

Ganesha Sharanam, Sharanam Ganesha (4)
Saisha Sharanam, Sharanam Saisha (4)

(Do – Sol – Sol7 – Do) (Re – La)
(Do – Sol – Sol7 – Do) (Re – La)
                  (Re – La – Sol – La – Re)

Surrender to Lord Ganesha, Surrender to Lord Sai!

Abbandoniamoci ai piedi di loto del Signore Ganesha. Abbandoniamoci ai piedi di Loto del Signore Sai!

3. Vinayaka Vinayaka

Vinayaka Vinayaka
Vishwadhara Vinayaka
Siddhi Vinayaka Bhava Bhaya Nasha
Sura Muni Vandhitha Sri Ganesha
Vishwadhara Vinayaka

(La – Sol – La)
(La – Sol – La)
(La – Sol)
(Sol – La)
(La – Sol – La)

Worship the omnipresent Lord Ganesha who is the remover of obstacles and is the support of the Universe. He blesses us with success and removes the bondage of birth and death. He is worshipped by saints and sages.

Acclamazioni a colui che rimuove gli ostacoli ed è il fondamento dell'Universo. Vinayaka, maestro di sè stesso; detto anche "colui al di sopra del quale non esistono maestri". Dispensatore di successi e distruttore delle catene che ci legano alla nascita e morte. Signore Ganesha, venerato dai Santi e Deva.

4. Gan Ganapataye

Gan Ganapataye Namo Namah	(La) (La – Re)
Sri Siddhi Vinayaka Namo Namah	(La – Mi) (Re – La)
Ashta Vinayaka Namo Namah	(Mi) (La – Mi)
Ganapati Papa Muriya	(La) (La)

(Canto di lode a Ganapati, condottiero degli esseri celesti (ganas), Maestro della conoscenza, dell'intelligenza suprema (buddhi) e della saggezza e a Vinayaka, colui che non ha maestri sopra di sé, in quanto maestro supremo e al di là della condizione dell'assenza di mente. Vinayaka è detto anche colui che rimuove gli ostacoli. Ambedue nomi di Ganesha.)

5. Gajavadana Gananatha Gajavadana Dinanatha

Gajavadana Gananatha Gajavadana Dinanatha	(Do – Fa – Do – Sol – Do)
Siddhi Data Shiva Tanaya	(Do – Sol – Do)
Buddhi Pradayaka Gajanana	(Do – Sol – Do)
Parvati Nandana Bhava Bhaya Bhanjana	(Do – Sol – Do – Fa)
Yuga Yuga Vandita Jaya Sri Ganesha	(Do – Sol – Do)

Worship the elephant-faced Lord Gajanana, the Lord of demi-gods. The son of Lord Shiva and Mother Parvati who bestows success and removes the fear of crossing the ocean of life and death, is worshipped during all yugas (ages).

Veneriamo il Signore Gajanana dal volto di elefante, Signore dei semi-dei. Figlo di Shiva e Parvati che procura successo e rimuove la paura di affrontare la vita e la morte. Gajanana (altro nome di Ganesha), venerato in tutte le yuga (ere).

6. Gauri Ganesh Uma Ganesh

Gauri Ganesh Uma Ganesh	(Do – Sol)
Parvati Nandana Sri Ganesh	(Sol – Do)
Sharanam Ganesh Sharanam Ganesh	(Do – Sol)
Shiva Nandana Ganapati Ganesh	(Sol – Do)

Chant the name of Lord Ganesh, beloved Prince of Mother Gauri, who is also known as Uma and Parvati. I surrender to Thee, Lord of all Demi-Gods, beloved Prince of Lord Shiva and Mother Gauri.

Cantiamo il nome del Signore Ganesh, amato principe di Madre Gauri, nota anche come Uma e Parvati. Mi abbandono a Te, Signore di tutti i semi-dei,, amato principe del Signore Shiva e di Madre Gauri.

7. Shiva Shambo

Shiva Shiva Shiva Shambo (2)   (Rem – Do)
Mahadeva Shambo, Mahadeva Shambo   (Rem – Do)

Let us bow down to Lord Shiva, destroyer of the evil.

Inchiniamoci al Signore Shiva, dissolutore del male.

8. Hari Om Namah Shivaya

		Variante 2
Hari Om Namah Shivaya	(Lam – Sol – Lam)	(Dom – Si^b – Dom)
Shiva Shiva Shankara Hara Parameshvara	(Lam)	(Dom)
Shivasvaraya Namah Om	(Rem – Lam)	(Fam – Dom)
Shiva Shiva Shankara Hara Parameshvara	(Rem)	(Fam)
Shivasvaraya Namah Om	(Lam)	(Dom)

Variante 3

(Rem – Lam – Rem
(Rem)
(Solm – Rem)
(Solm)
(Rem)

Bow to Lord Shiva, who is Shankara, Mehesha Sai, God.

Inchiniamoci al Signore Shiva, colui che è Shankara, Mehesha Sai, Dio.

9. Bolo Bolo Sab Mila Bolo

Bolo Bolo Sab Mila Bolo Om Namah Shivaya	(Lam – Sol – Lam)
Om Namah Shivaya Om Namah Shivaya	(Lam – Sol – Lam)
Bolo Bolo Sab Mila Bolo Om Namah Shivaya	(Lam – Sol – Lam)
Jhuta Jata Me Gangadhari	(Lam – Sol)
Trishuladhari Damaru Bajave	(Lam – Fa – Lam)
Dama Dama Dama Dama Damaru Baje	(Lam – Sol)
Gunj Utha Om Namah Shivaya	(Lam – Fa – Lam)
Om Namah Shivaya (3)	(1. Lam / 2. Sol / 3. Lam)
Hari Om Namah Shivaya (1)	(Sol – Lam)
Sai Om Namah Shivaya (1)	(Sol – Lam)

Chant in worship of Lord Shiva and surrender to Him. He bears the Ganges in His twisted lock of hair. He holds the trident and his drum (damaru) plays "Dama Dama". The atmosphere echoes with Shiva's name.

Cantiamo tutti insieme ad alta voce il nome del Signore Shiva, colui dal quale le fresche acque del Gange fluiscono attraverso i suoi riccioli arruffati e che tiene in una mano il tridente. Egli suona il damaru (tamburo), le cui vibrazioni si riverberano in tutto l'Universo. Cantiamo il Suo grande nome "Om Namah Shivaya", che echeggia in tutto l'etere.

10. Hara Hara Hara Hara Mahadeva

Hara Hara Hara Hara Mahadeva   )   (Rem)
Shiva Shiva Shiva Shiva Sadhashiva)   (La)
Om hara hara hara Hara Mahadeva   )   = *frase unica*   (La – Rem)
Om Namo Namo Namah Shivaya   (Solm – Rem)
Brahma Vishnu Surachitaya   )   (Rem)
Om Namo Namo Namah Shivaya   )   = *frase unica*   (Solm – La)
Uma Ganesha Sharavana Sevitha   )   (Solm)
Om Namo Namo Namah Shivaya   )   = *frase unica*   (Rem – La – Rem)
Om Namo Namo Namah Shivaya   (Solm – Rem)

Chant the auspicious name of Shiva, worshipped by all other aspects of God
(Brahma, Vishnu). He is served by His divine consort, Uma, and their sons,
Ganesha and Sharana (Subramanya).

Cantiamo il fausto nome di Shiva, venerato da tutti gli altri aspetti della
creazione – Brahma e Vishnu. Egli è servitor dalla sua divina consorte
Uma e dai loro figli, Ganesha e Sharana (Subramanya).

11. Shiva Maheshvara

Variante 2

Shiva Maheshvara Shiva Maheshvara   (Dom)   (Lam)
Shiva Maheshvara Sai Ram (Gurudev)   (Dom – Mi♭)   (Lam – Do)
Shiva Maheshvara Shiva Shankara   (Dom – Mi♭)   (Lam – Do)
Shiva Mahadeva Sai Ram   (Mi♭ – Solm – Dom)   (Do – Mim – Lam)
Kailasa Vasa Mahadeva   (Dom)   (Lam)
Jagadishvara Hara Mahadeva   (Fam – Dom)   (Rem – Lam)
Tribhuvana Pala Baba Sai Deva (Om)   (Mi♭ – Dom – Solm – Dom) (Do – Lam – Mim – Lam)

Chant the name of Lord Sai Rama, Lord Shiva and Lord of Lords.
He resides in Kailasa (the Heavens) and protects the entire Universe.

Cantiamo il nome del Signore Sai Rama, Signore Shiva e Assoluto.
Egli risiede nei cieli (Kailasa) e protegge l'intero universo.

12. He Shiva Shankara

Variante 2

He Shiva Shankara He Maheshvara   (Lam)   (Fam)
Sukha Kara Dukha Hara Hare Hare Shankara   (Lam – Mim)   (Fam – Dom)
Om Namaha Shivaya   (Mim)   (Dom)
Hari Om Namaha Shivaya   (Lam – Mim – Lam)   (Fam – Dom – Fam)

Oh Shiva Maheshvara, You are the personification of all that is good.
I bow down to you again and again.

O Signore Shiva Maheshvara, Tu sei la personificazione di tutto ciò che è
buono. Continuo a inchinarmi dinnanzi a Te.

13. Shivaya Namah Shiva

Variante 2

Shivaya Namah Shiva Shivaya Namah Shiva
Shivaya Namah Om Namah Shivaya
Shivaya Namah Shiva Shivaya Namah Shiva
Shivaya Namah Om Namah Shivaya

(Do – Lam)   (Sol – Mim)
(Mim – Lam – Sol – Do)   (Sim – Mim – Re – Sol)
(Do – Fa – Do)   (Sol – Do – Sol)
(Lam – Sol – Do)   (Mim – Re – Sol)

All glory and obeisance to Lord Shiva, the embodiment of OM.

Gloria e omaggio al Signore Shiva, personificazione dell'OM.

14. Dam Dam Dam Dam Damaru Bhaje

Dam Dam Dam Dam Damaru Bhaje
Hara Bholanatha Shiva Shambo Bhaje
Hara Sai Natha Shiva Shambo Bhaje
Ghana Ghana Ghana Ghana Ghanta Bhaje
Hara Gauri Natha Shiva Shambo Bhaje
Hara Sathya Sai Shiva Shambo Bhaje

(Do – Sol – Do)
(Do – Sol – Do)
(Do – Sol – Do)
(Do – Sol)
(Do – Sol – Do)
(Do – Sol – Do)

Chant the names of Lord Shiva and Sai to the rhythm of the drums and the peal of the bells.

Cantiamo i nomi del Signore Shiva e di Sai al ritmo dei tamburi e al tintinnio delle campanelle.

15. Chandra Shekharaya Namah Om

Variante 2

Chandra Shekaraya Namah Om
Ganga Dharaya Namah Om
Om Namah Shivaya Namah Om
Hara hara Haraya Namah Om
Om Namah Shivaya Namah Om
Shiva Shiva Shivaya Namah Om
Saishwaraya Namah Om

(Dom)   (Lam)
(Fam – Dom)   (Rem – Lam)
(Dom - Si^b – Dom)   (Lam – Solm – Lam)
(Re^b – Dom)   (Solm – Lam)
(Dom - Si^b – Dom)   (Lam – Solm – Lam)
(Si^b – Dom)   (Solm – Lam)
(La^b – Fam - Dom)   (Rem - Lam

Obeisance to Lord Shiva, Who is decorated with the crescent – moon on His forehead an who makes the celestial holy Ganges flow through His matted hais. I bow to Lord Sai Shiva, Who destroys the miseries of life. Chant the names of Shiva.

Omaggio al Signore Shiva, dal capo adornato con la luna srescente e dalla cui chioma sgorga il sacro Gange. Io mi inchino dinnanzi al Signore Sai Shiva, che distrugge la miseria della vita. Cantiamo i nomi di Shiva.

16. Jaya Ganga Jatadhara Gauri Shankara

Variante 2

Jaya Ganga Jatadhara Gauri Shankara Girija Mana Ramana
Jaya Mrutyum Jaya Mahadeva Maheshwara Mangala Subha Charana
Nandi Vahana Naga Bhushana
Nirupama Guna Sadana
Natana Manohara Nila Kantha Sai
Niraja Dala Nayana

(Lam – Sol – Lam)	(Dom – Si^b – Dom)
(Lam – Sol – Lam)	(Dom – Si^b – Dom)
(La – Sol)	(Do – Si^b)
(Sol – La)	(Si^b – Do)
(Lam – Sol – Fa – Mi – Lam)	(Dom – Si^b – La^b – Sol – Dom)
(Lam – Sol – Lam)	(Dom – Si^b – Dom)

O Lord Shankara! Bearer of the Ganges. Thou art pleasing to Goddess Girija. O Lord of Lords, Lord Maheshwara! Worshipping Thy auspicious Lotus Feet secues liberation. O Merciful Lotus-Eyed Lord with the blue-neck! Thou hast the cobra as ornament and bull Nandi as vehicle. Salutations to Lord Shiva who holds Ganga in His matted hair. He is the Lord of Gauri, the immortal One, and is the divine dancer who has Nandhi as His vehicle. He who is adorned with serpents around His blue neck, is the repository of incomparable qualities.

Gloria a Te, Signore dalla cui chioma sgorga il sacro Gange. Sposo della divina Madre, Signore Shankara, dispensatore di ogni bene.
Gloria a colui che vince la morte, al grande Dio Maheswara, i cui santi piedi donano fortuna. Il Tuo veicolo è il toro Nandi e hai il cobra come ornamento. O Signore dagli occhi belli come il fiore di Loto, con la Tua danza distruggi l'ignoranza.

17. Hara Shiva Shankara

Variante 2

Hara Shiva Shankara Shashanka Shekhara
Hara Bham Hara Bham Bham Bham Bolo
Bhavabhayankara Girijaa Shankara
Dhimi Dhimi Dhimi Thaka Nartana Khelo
Hara Shiva Shankara Shashanka Shekhara
Hara Bham Hara Bham Bham Bham Bolo
Bhavabhayankara Girijaa Shankara
Dhimi Dhimi Dhimi Thaka Nartana Khelo
Om Dhimi Dhimi Dhimi Thaka Nartana Khelo

(Do)	(Fa)
(Do – Sol – Do)	(Fa – Do – Fa)
(Do)	(Fa)
(Do – Lam – Do)	(Fa – Rem – Fa)
(Do)	(Fa)
(Do)	(Fa)
(Do)	(Fa)
(Do – Lam – Do)	(Fa – Rem – Fa)
(Do – Lam – Do)	(Fa – Rem – Fa)

Chant the name of Lord Shiva, dancing to the rhythm of drums. Shankara, Lord of Girija, destroys the fear of the cycle of birth and death.

Cantiamo il nome del Signore Shiva, colui che danza al ritmo dei tamburi. Shankara, Signore di Girija che distrugge la paura del ciclo di nascita e morte.

Lord Shiva, supreme Lord, adorned with the crescent moon;
Lord of the purest qualities, dancing Lord Shiva, we bow to Thee.

Il Signore Shiva è l'incarnazione di tutte le buone qualità. Egli ha il capo adornato con la Luna crescente e ama muoversi al ritmo della Sua Danza Cosmica.

18. Chidananda (Shiva Nirvaansatakam)

Chidananda rupa shivoham shivoham — (Si – Do#m (Fa#) – Si)
Chidananda rupa shivoham shivoham — (Si – Do#m (Fa#) – Si)

1) Manobuddhi ahamkara chita ni naham — (Si – Mi – Do#m (Fa#))
   Nachashotre jiv-hey nachaghrana netre — (Si – Do#m (Fa#) – Si)
   Nacha vioma bhoomir na tejoe na vayu — (Si – Do#m (Fa#) – Mi – Do#m (Fa#))

   Chidananda roopah shivoham shivoham — (Si – Do#m (Fa#) – Si)
   Chidananda roopah shivoham shivoham — (Si – Do#m (Fa#) – Si)

2) Nachoprana saugno na ve puncha vagu — (Si – Mi – Do#m (Fa#))
   Navah sapto dhatoo navaa puncha koshah — (Si – Do#m (Fa#) – Si)
   Na waak pani paadam nachapasta paayu — (Si – Do#m (Fa#) – Mi – Do#m (Fa#))

   Chidadanda roopah shivoham shivoham — (Si – Do#m (Fa#) – Si)
   Chidananda roopah shivoham shivoham — (Si – Do#m (Fa#) – Si)

3) Na me dvesha rago na me lobha mo-hoe — (Si – Mi – Do#m (Fa#))
   Mado naiva me naiva matsarya bhava — (Si – Do#m (Fa#) – Si)
   Na dharmo na chartoe na kaamo na moksha — (Si – Do#m (Fa#) – Mi – Do#m (Fa#))

   Chidadanda roopah shivoham shivoham — (Si – Do#m (Fa#) – Si)
   Chidananda roopah shivoham shivoham — (Si – Do#m (Fa#) – Si)

4) Na punyam na paapam na saukyum na dhukam — (Si – Mi – Do#m (Fa#))
   Na mantro na tirtham name daa na yug na ha — (Si – Do#m (Fa#) – Si)
   Aham bhoja namnaiva bhojyam na bhokta — (Si – Do#m (Fa#) – Mi – Do#m (Fa#))

   Chidananda roopah shivoham shivoham — (Si – Do#m (Fa#) – Si)
   Chidananda roopah shivoham shivoham — (Si – Do#m (Fa#) – Si)

5) Na mrootyur na shanka na me jaati bheda — (Si – Mi – Do#m (Fa#))
   Pita naiva me naiva maata na janma — (Si – Do#m (Fa#) – Si)
   Na bandhur na mitram gurunaiva shishya — (Si – Do#m (Fa#) – Mi – Do#m (Fa#))

   Chidananda roopah shivoham shivoham — (Si – Do#m (Fa#) – Si)
   Chidananda roopah shivoham shivoham — (Si – Do#m (Fa#) – Si)

6) Aham nirvekalpo nirakaara roopo — (Si – Mi – Do#m (Fa#))
   Vibureviapya sarvatra sarvendriyani — (Si – Do#m (Fa#) – Si)
   Sadame samatvah na muktir na banda — (Si – Do#m (Fa#) – Mi – Do#m (Fa#))

   Chidananda roopah shivoham shivoham — (Si – Do#m (Fa#) – Si)
   Chidananda roopah shivoham shivoham — (Si – Do#m (Fa#) – Si)

1) Non sono la mente, né l'intelletto, né l'Io, né sono invero l'insieme di tutto questo. Non sono l'udito, né l'olfatto, né alcuno degli altri sensi. Non sono lo spazio, né la terra, né il fuoco, né l'aria. La mia essenza è Coscienza e Beatitudine; sono Shiva, sono Shiva!

2) Non sono il prana, né le cinque correnti, né i sette elementi del corpo, né i cinque involucri. Non sono la lingua, né le mani, né gli altri organi d'azione. La mia essenza è Coscienza e Beatitudine; sono Shiva, sono Shiva!

3) Nulla mi attira e nulla mi respinge, non ho brame né illusioni, non ho orgoglio né invidia. Non cerco il piacere, né la ricchezza, né la virtù, né la Liberazione. La mia essenza è Coscienza e Beatitudine; sono Shiva, sono Shiva!

4) Non ho meriti e non ho colpe, non provo piacere e non provo dolore, non ho mantra da ripetere, né luoghi sacri da visitare, non ho scritture da studiare, né sacrifici da offrire. Io non sono l'azione, non sono i suoi frutti, né sono colui che la compie. La mia essenza é Coscienza e Beatitudine; sono Shiva, sono Shiva!

5) Io sono al di là della morte, al di là della paura, al di là di ogni distinzione di casta. Non ho padre né madre, non sono mai nato; non ho parenti né amici, non ho Guru né discepoli. La mia essenza è Coscienza e Beatitudine; sono Shiva, sono Shiva!

6) Io pervado ogni essere, ogni luogo, ogni facoltà, ma rimango senza nome, senza forma, al di là delle distinzioni. Per me non vi sono né schiavitù né Liberazione. La mia essenza è Coscienza e Beatitudine; sono Shiva, sono Shiva!

19. Murali Krishna Mukunda Krishna

Murali Krishna Mukunda Krishna Mohana Krishna
Krishna Krishna
Gopi Krishna Gopala Krishna Govardhana Dhara
Krishna Krishna
Radha Krishna Bala Krishna Rasavilola Krishna
Krishna
Shirdi Krishna Mukunda Krishna Radha Krishna
Krishna Krishna

Chant the many names of the Lord: Krishna, Mukunda, Gopala,
Govardhana, Radha Krishna, Shirdi Baba, Sai Baba
Cantiamo i vari nomi del Signore: Krishna, Mukunda, Gopala,
Govardhana, Radha Krishna

Variante 2

(Rem – Do – Rem)	(Dom – Solm – Dom)
(Rem – Sol – Rem)	(Dom – Fam – Dom)
(Rem – Do – Rem)	(Dom – Solm – Dom)
(Rem – Sol – Rem)	(Dom – Fam – Dom)

20. Krishna Govinda

Krishna Govinda Govinda Gopala
Krishna Govinda Govinda Gopala
Krishna Murari Manohara Nandalala
Krishna Murari Manohara Nandalala

(Rem – Lam – Rem)
(Rem – Do – Si^b – Solm)
(Solm – Lam – Rem (Lam) – Rem)
(Solm – Lam – Rem (Lam) – Rem)

(*Canto dedicato al Signore Krishna, ottava incarnazione di Vishnu*)

Nota: La Trimurti (Trinità) indù è formata da Brahma, Vishnu e Shiva,
paragonabile alla Trinità del cristianesimo: Padre, Figlio e Spirito Santo.
L'Avatar è considerato una manifestazione di Vishnu (Figlio); divinità
conservatrice della Trimurti indiana.

21. Hare Rama Hare Krishna

Hare Rama Hare Rama Rama Rama Hare Hare
Hare Krishna Hare Krishna / Krishna Krishna Hare Hare
Hare Rama Hare Rama Rama Rama Hare Hare
Hare Krishna Hare Krishna / Krishna Krishna Hare Hare

Salutations to Lord Rama, salutations to Lord Krishna.
Salutiamo il Signore Rama, salutiamo il Signore Krishna.

Variante 2

(Do – Sol)	(Re – Sol – Re)
(Fam – Do – Sol – Do)	(Mim – La – Re)
(Do – Fam)	(Re – La – Sol – Re)
(Sol – Do – Sol – Do)	(Re7 – Sol)
	(La – Re)

22. C'è un fiume (Krishna)

C'è un fiume, un sacro fiume, che scorre nel mio cuor
E io vado a quel fiume, il mio Amato ad aspettar
E Krishna viene suonando il suo flauto alla riva del
sacro fiume
E Krishna viene suonando il suo flauto alla riva del
sacro fiume, che scorre nel mio cuor

Om Namo Bhagavatey Vasudevaya…
Om Namo Bhagavatey Vasudevaya…

E io vado a quel fiume, che scorre nel mio cuor.

(Rem – Lam – Rem)
(Rem – Lam – Rem)
(Rem – Lam – Rem)

(Rem – Lam – Rem)
(Lam – Rem)

(Rem – Lam – Rem)
(Lam – Rem)

(Rem – Lam – Rem)

23. Chitta Chora Yashoda Ke Bal

Chitta Chora Yashoda Ke Bal Navanitha Chora Gopal
Gopal Gopal Gopal Govardhana Dhara Gopal
Gopal Gopal Gopal Gopal Govardhana Dhara Gopal
Govarddhana Dhara Gopal

(Sol – Dom)   (La – Rem)
(Dom – Sol – Dom)   (Rem – La – Rem)
(Dom – Sol – Dom)   (Rem – La – Lam)
(Sol – Dom)   (La – Rem)

a) O Lord Gopala! Beloved Prince of Mother Yashoda! Thou art the captivator of the hearts of devotees. Thou art the stealer of butter, i.e. hearts of the Gopis (devotees). Chant the name of Gopala, Govardhandhara Gopala.

b) Krishna is the stealer of the devotee's heart. As the child of Yashoda, He stole butter and He held aloft the Govardhana mountain.

Figlio di Yasoda, ladro delle menti. O Gopala che rubi il burro, O Gopal, O Gopal... che reggesti il monte Govardhana!

24. He Nanda Nanda Gopala

He Nanda Nanda Gopala, Ananda Nanda Gopala
He Nanda Nanda Gopala, Ananda Nanda Gopala
He Nanda Nanda Ananda Nanda, Yadunanda Nanda
Gopala

(Do – Sol – Do)
(Do – Fa – Do)
(Fa – Do – Sol – Do)

Chant the name of Lord Gopala, who is all bliss and happiness.

Cantiamo il nome del Signore Gopala, colui che è fonte di beatitudine e gioia.

25. Govinda Narayana

Govinda Narayana Gopala Narayana
Govinda Govinda Narayana
Govinda Gopala Narayana
Govinda Govinda Narayana
Ananda Govinda Narayana (1. Hari) (2. Sai)

(Dom – Solm – Dom)
(Mi^b)
(Fam)
(Dom)
(Dom – Solm – Dom)

Chant the names of Lord Govinda, Narayana, Gopala and Sai.
Cantiamo i nomi del Signore Govinda, Narayana, Gopala e Sai.

26. Gopala Radhe Krishna

Gopala Radhe Krishna Govinda Govinda Gopal
Gopal Gopal Gopal
Gopala Radhe Krishna Govinda Govinda Gopal
(He) Govinda Govinda Gopala Radhe Krishna
Govinda Govinda Gopala Radhe Krishna
Govinda Govinda Gopal (Sai)

(Do – Sol – Do)
(Do – Fa – Do)
(Do – Sol – Do)
(Do)
(Fa – Do – Fa)
(Fa – Sol – Do)

Chant the names of Lord Krishna!

Cantiamo i nomi del Signore Krishna!

27. Bada Chitta Chora

Bada Chitta Chora Brindavana Sanchara
Gopala Gopala Hey Murali Gopala
Bada Chitta Chora Brindavana Sanchara
Gopala Gopala Hey Murali Gopala
Govardhanoddhara Gopala Bala
Gopi Manohara Radhe Gopala

(Do – Fam – Do – Si^b)
(Do – Rem – Do)
(Do – Fam – Do - Si^b)
(Do – Rem – Do)
(Fa – Do)
(Si^b – Do)

Lord Gopala! Holder of the Govardhana Mountain, who moves about in the playground of Brindavana and whose Divine flute music captivates the hearts and minds of the Gopis and of Radha.

O Signore Gopala, Tu che sostieni il Monte Govardhana e che vivi sui campi di gioco di Brindavan. La musica del Tuo flauto affascina i cuori e le menti delle Gopi e di Radha.

28. Hari Sharanam Shiva Sharanam

Variante 2

Lyrics	Chords	Variante 2
Govinda Jaya Jaya, Gopala Jaya Jaya (2)	(Si^{b}m – Re^b – Si^{b}m)	(Lam – Do – Lam)
Radha Ramana, Hari Govinda Jaya Jaya (2)	(Si^{b}m – Re^b – La^b - Si^{b}m)	(Lam – Do – Sol – Lam)
Govinda Jaya Jaya, Gopala Jaya Jaya (2)	(Si^{b}m – Re^b – Si^{b}m)	(Lam – Do – Lam)
Radha Ramana, Hari Govinda Jaya Jaya (2)	(Si^{b}m – Re^b – La^b - Si^{b}m)	(Lam – Do – Sol – Lam)
Hari Sharanam, Shiva Sharanam (2)	(Si^{b}m – Re^b – Si^{b}m)	(Lam – Do – Lam)
Rama Sharanam, Prabho Krishna Sharanam (2)	(Si^{b}m – Re^b – La^b - Si^{b}m)	(Lam – Do – Sol – Lam)
Hari Sharanam, Shiva Sharanam (2)	(Si^{b}m – Re^b – Si^{b}m)	(Lam – Do – Lam)
Rama Sharanam, Prabho Krishna Sharanam (2)	(Si^{b}m – Re^b – La^b - Si^{b}m)	(Lam – Do – Sol – Lam)
Hare Krishna Hare Krishna (2)	(Si^{b}m – Re^b – Si^{b}m)	(Lam – Do – Lam)
Krishna Krishna Hare Hare (2)	(Si^{b}m – Re^b – La^b - Si^{b}m)	(Lam – Do – Sol – Lam)
Hare Rama Hare Rama (2)	(Si^{b}m – Re^b – Si^{b}m)	(Lam – Do – Lam)
Rama Rama Hare Hare (Hare) (2)	(Si^{b}m – Re^b – La^b - Si^{b}m)	(Lam – Do – Sol – Lam)
Halleluja, Halleluja…	(Si^{b}m – Re^b – Si^{b}m)	(Lam – Do – Lam)
Halleluja, Halleluja	(Si^{b}m – Re^b – La^b - Si^{b}m)	(Lam – Do – Sol – Lam)
Om Namah Shivay…	(Si^{b}m – Re^b – Si^{b}m)	(Lam – Do – Lam)
Om Namah Shivay...	(Si^{b}m – Re^b – La^b – Si^{b}m)	(Lam – Do – Sol – Lam)

(Canto di lode ai vari nomi di Krishna, tratto dal CD River of Grace dedicato a Sri Mahavatar Babaji, 1970 – 1984)

29. Sri Ram

Sri Ram Jay Ram Jay Jay Ram (2)
Sita Ram Sita Ram Sita Ram Sita Ram (2)

(La – Mi – Re)
(La – Mi – Re)

(Canto dedicato al Signore Rama, incarnazione del Dharma – rettitudine, settima incarnazione di Vishnu e alla sua consorte Sita)

30. Sri Ram Jay Ram

Sri Ram Jay Ram Jay Jay Jay Ram (2)   (Lam – Sol – Lam)
Sri Ram Jay Ram Jay Jay Jay Ram (2)   (Lam – Do – Mim)
Sri Ram Jay Ram Jay Jay Jay Ram (2)   (Sol – Mim – Do – Lam)

(Canto dedicato al Signore Rama, incarnazione del Dharma – rettitudine, settima incarnazione di Vishnu – tratto dal un CD di Carioca, BR)

31. Sri Ram Jay Ram

Variante 2

Sri Ram Jay Ram Jay Jay Ram (2)	(Si^{b}m – La^b – Si^{b}m)	(Lam – Sol – Lam)
Sri Ram Jay Ram Jay Jay Ram (2)	(Si^{b}m – La^b – Si^{b}m – La^b – Si^{b}m)	(Lam – Sol – Lam – Sol – Lam)
Sri Ram Jay Ram Sita Ram (2) *(verso la fine)*	(Si^{b}m – La^b – Si^{b}m – La^b – Si^{b}m)	(Lam – Sol – Lam – Sol – Lam)

(Canto dedicato al Signore Rama, tratto dal CD River of Grace, Mahavatar Babaji di Haidakhan, 1970 – 1984)

32. Tumi Bhaja Re Mana

Tumi Bhaja Re Mana   (Lam)
Tumi Japa Re Mana   (Fa)
Om Shree Ram Jay Ram   (Mi)
Japa Re Mana   (Fa – Lam)
Tumi Bhaja Re Mana   (Rem)
Tumi Japa Re Mana   (Lam)
Om Shree Ram Jay Ram   (Mi)
Japa Re Mana   (Fa – Lam)

Let us praise Lord Rama and chant His Holy Name!

Lasciate che lodiamo il Signore Rama e cantiamo il suo Santo Nome!

33. Antara Jyoti Namo

Antara Jyoti Namo Paramatma Jyoti Namo   (Do – Fa – Sol – Do)
Akhanda Jyoti Namo Mama Jivana Jyoti Namo   (Do – Sol – Do)
Antarayami Namo Jaya Sadguru Sai Namo   (Do – Sol – Do)

Inner light bow to the Supreme Soul. Endless my life the inner God residing in all beings the true good Teacher.

La luce divina che si inchina dinnanzi all'Anima Suprema. Mia vita infinita, Dio interiore che risiede in tutti gli esseri, il vero Maestro.

34. Sai Hamara

Sai Hamara Ham Sai Ke Aisa Prema Hamara
Sai Ram Hamara Sai Ram Hamara
Hindu Musalim Sikha Isai Saba Ke Palana Hara
Sai Ram Hamara Sai Ram Hamara
Satya Sai Hai Nam Tumhara Shirdi Sai Avatara
Sai Ram Hamara Sai Ram Hamara

Variante 1	Variante 2
(Dom – Fam – Sol)	(Rem – Solm – La)
(Dom – Solm – Sol – Dom)	(Rem – Lam – La – Rem)
(Dom – Fam – Sol)	(Rem – Solm – La)
(Dom – Solm – Sol – Dom)	(Rem – Lam – La – Rem)
(Dom – Fam – Sol)	(Rem – Solm – La)
(Dom – Solm – Sol – Dom)	(Rem – Lam – La – Rem)

*Our love for each other is such that Sai is ours and we are His. Sathya Sai,
who took the form of Shirdi Sai, is also the protector of Hindus, Moslems,
Sikhs and others.*
*Il nostro amore per Sai è tale che Egli ci appartiene e noi gli
apparteniamo. Sathya Sai, che ha assunto la forma di Shirdi Sai, è anche il
protettore degli induisti, mussulmani, sikh e altri.*

35. Guru Dev Guru Dev

Guru Dev Guru Dev	(Dom)
Sri Satya Sai Sadguru Dev	(Fam – Dom)
Sharanam Sharanam Guru Sharanam	(Fam)
Sharanam Sharanam Brahma Sharanam	(Solm)
Sharanam Sharanam Vishnu Sharanam	(La^b)
Sharanam Sharanam Shiva Sharanam	(Si^b)
Guru Dev Guru Dev	(Dom)
Sri Satya Sai Guru Dev	(Fam – Dom)
Om Naham Shivaya Shivaya Namah Om	(Fam)
Om Namah Shivaya Shivaya Namah Om	(Solm)
Om Namah Shivaya Shivaya Namah Om	(La^b)
Om Namah Shivaya Shivaya Namah Om	(Si^b)

(Canto dedicato al Guru interiore)

36. Vahe Guru

Vahe Guru Vahe Guru Vahe Guru…

(Do – Sol)

*Significato: "Un solo Guru (riferito al maestro interiore), un solo Dio, un
solo obiettivo"*

37. Guru Brahma Guru Vishnu Guru Sai

		Variante 2
Guru Brahma Guru Vishnu Guru Sai Maheshvara	(Dom – Solm – Dom)	(Rem – Lam – Rem)
Guru Baba Mere Baba Mata Pita Guru Sai	(Dom – Fam – Dom)	(Rem – Solm – Rem)
Guru Brama Guru Vishnu Guru Sai Maheshvara	(Fam – Dom – Solm – Dom)	(Solm – Rem – Lam – Rem)
Parabrahma Parameshvara Kali Avatara Sharanam	(Si^b – La^b – Dom)	(Dom – Si^b – Rem)
Guru Brama Guru Vishnu Guru Sai Maheshvara	(Fam – Dom – Solm – Dom)	(Solm – Rem – Lam – Rem)
Shiva Shiva Om, Shiva Hari Om	(Solm)	(Lam)
Shiva Shiva Om, Shiva Hari Om	(Dom)	(Rem)
Shiva Shiva Om, Shiva Hari Om	(Fam)	(Solm)
Shiva Shiva Shiva Hari Om	(Dom)	(Rem)

(Canto dedicato ai vari aspetti di Dio)

38. Guru Brahma Guru Vishnu Guru Deva

Guru Brahma Guru Vishnu Guru Deva Maheshvara
Jaya Deva Guru Deva Guru Data Digambara
Jay Jay Jay Karuna Kara Jay Jay Akhileshvara
Jai Jay Jay Siradisvara Jay Jay Jay Parttisvara

(Dom – La^b – Dom)
(Fa – Mi^b – Dom – Solm – Dom)
(Dom – Si^b – Dom – Re^b – Dom)
(Dom – Si^b – Dom – La^b – Dom)

(Canto dedicato ai vari aspetti di Dio)

39. Allah Tuma Ho Ishwara Tuma Ho

Allah Tuma Ho Ishwara Tuma Ho Tumi Ho Rama
Rahim Tumi Ho Rama Rahim
Mere Ram Mere Ram Rama Rahim
Mere Ram Mere Ram Rama Rahim
Mere Ram Mere Ram Rama Rahim
Yeshu Tuma Ho Nanaka Tuma Ho
Zorastra Bhi Ho Mahavira Tuma Ho
Gauthama Buddha Karim Gauthama Buddha Karim
Mere Ram Mere Ram Rama Rahim
Mere Ram Mere Ram Rama Rahim
Mere Ram Mere Ram Rama Rahim

(Rem – Do – Si^b – Solm – Rem)

(Rem – Do)
(Si^b – Do – Rem)
(Solm – Rem – Solm – Rem)
(Rem – Solm – Rem)
(Rem – Solm – Rem)
(Rem – Solm – Rem)
(Rem – Do)
(Si^b – Do – Rem)
(Solm – Rem – Solm – Rem)

O Lord! You are known by many names: Allah, Ishwara, Ram,
Rahim, Jesus, Guru Nanak, Zoroaster, Mahavir, Karim and Krishna…

O Signore! Sei conosciuto sotto forma di vari nomi: Allah, Ishwara, Rama,
Rahim, Gesù, Guru Nanak, Zoroastro, Mahavir, Karim e Krishna…

40. Jaya Guru Omkara

Jaya Guru Omkara Jaya Jaya Sadguru Omkara Om
Brahma Vishnu Sada Shiva
Hara Hara Hara Hara Mahadeva

(Do – Sol – Do)
(Do – Sol)
(Sol – Do)

Glory to the Guru who is the embodiment of the sacres Om, the true guru
Brahma, Vishnu and Shiva.

Gloria al Guru che è l'incarnazione del sacro OM, suono primordiale, il
vero Guru Brahma, Vishnu e Shiva.

41. Jai Gurudeva Namo Namah

Tempo 2

Jai Gurudeva Namo Namah
Sri Vishwananda Namo Namah
Premavatar Namo Namah
Satguru Deva Namo Namah

(La)   (La – Re)
(La – Mi) (Re – La)
(Mi)   (La – Mi)
(La)   (La)

(Canto di lode dedicato a Sri Swami Vishwananda)

42. Om Guru Om

Om Guru Om Om Guru Om
Premaswarupa Vishwananda Bol
Premaswarupa Vishwananda Bol
Anandayak Jai Gurudev

(Lam – Rem – Lam)
(Lam – Rem – Lam – Si^b – Lam)
(Lam – Sol)
(Fa – Lam)

(Canto di lode dedicato a Sri Swami Vishwananda)

43. Devi Bhavani Ma

Devi Bhavani Ma Jaya Sai Bhavani Ma
Daya Karo Sai Ma Kr'pa Karo Sai Ma
Jaya Ma Jaya Ma Jaya Devi Bhavani Ma
Jaya Parti Nivasini Ma Jaya Sai Bhavani Ma

(Dom – Solm – Dom)
(Dom – Fam – Si^b – Dom)
(Dom – Solm – Dom – Solm – Dom)
(Dom – Solm – Dom)

Victory to Goddess Bhavani, Sai Bhavani! O Mother Sai, bestow Thy Grace on us and lead us on the spiritual path. May You be victorious in this task.
Vittoria a Madre Bhavani (altro nome della consorte di Shiva), Sai Bhavani! O Madre Sai donaci la Tua grazia e conducici sul cammino spirituale. Possa Tu essere vittoriosa in questo scopo.

44. Kali Ma

Kali Kali Ma (2)
Kali Kali Ma (2)

(Fa)
(Si^b)

Cantiamo il Santo Nome di Madre Kali ("la nera"), altro aspetto della Madre Divina. È la Madre Dea indù simbolo di dissoluzione e distruzione. Colei che distrugge l'ignoranza e mantiene l'ordine nel mondo, benedice e libera coloro che cercano la conoscenza di Dio.

45. Jai Ambe Jagadambe

Jai Ambe Jagadambe
Mata Bhavani Jai Ambe (2)
Durga Avinashini Durga Jaya Jaya
Kala Avinashini Kali Jaya Jaya (2)
Uma Rama Brahmani Jaya Jaya
Radha Ruka Mata Sita Jaya Jaya (2)

(Mim – Re – Sim)
(Sol – Re – Mim)
(Mim – Sol)
(Lam – Sol – (Re) – Mim)
(Re – Sol)
(Re – Mim)

Glory to Ambe, the Mother. Glory to Ambe, the Mother. As Durga you destroy difficulties, as Kali you destroy time, you are Uma (the wife of Shiva), Rama (Lakshmi, the wife of Vishnu) and Brahmani (Sarasvati the wife of Brahma). You are Radha Rukamani, wife of Krishna and Sita, wife of Rama.

Viva la Madre dell'Universo, viva la Madre Bhavani (sposa di Shiva). Viva Durga, la dissolutrice di ogni infelicità. Viva Kali, la distruttrice della morte. Viva Lakshmi (sposa di Vishnu), Saraswati (consorte di Brahma), Viva Radha Rukamani (consorte di Krishna) e Sita (consorte di Rama).

P.S.: Durga, Kali = altre forme di Shakti, spesso identificate come mogli di Shiva.

46. Om Mata Haidakhandishvari

Variante 2

Om Mata Om Mata Om Mata Haidakhandishvari

$(Si^b m – La^b – Re^b – La^b – Si^b m)$

(Lam – Sol – Do – Sol – Lam)

Om Mata Om Mata Om Mata Haidakhandishvari…

$(Si^b m – La^b – Re^b – La^b – Si^b m)$

(Lam – Sol – Do – Sol – Lam)

(Canto di lode dedicato allo Shiva Mahavatar Sri Babaji di Haidakhan, 1970 – 1984)

47. Subrahmanyam Subrahmanyam

Subrahmanyam Subrahmanyam Sanmukhanatha Subrahmanyam
(Dom)

Subrahmanyam Subrahmanyam Sanmukhanatha Subrahmanyam
(Fam – Dom)

Shiva Shiva Shiva Shiva Subrahmanyam Hara Hara Hara Hara Subrahmanyam
(Dom)

Shiva Shiva Hara Hara Subrahmanyam Hara Hara Shiva Shiva Subrahmanyam
(Fam – Dom)

Shiva Saravanabhava Subrahmanyam Guru Saravanabhava Subrahmanyam
(Dom)

Shiva Shiva Hara Hara Subrahmanyam Hara Hara Shiva Shiva Subrahmanyam
(Fam – Dom)

Sing the names of Lord Subrahmanyam, Lord with six faces, Son of Shiva; Sing the names of Lord Subrahmanyam and of Shiva; Sing in praise of Lord Subrahmanyam who was born in the lake called Sharavanabhava.

Adoriamo il volto del Signore Subrahmanyam Egli è il secondo figlio del Signore Shiva ed è colui che distrugge il male. Arrendersi al Signore Subrahmanyam significa spezzare la catena della nascita e della morte. Adoriamo il Signore Subrahmanyam.

48. Baba Nam Baba Nam Kevalam

Variante 2

Baba Nam Baba Nam Kevalam	(Rem – Solm)	(Lam – Rem)
Baba Nam Baba Nam Kevalam	(Do – Fa)	(Sol7 – Do)
Baba Nam Baba Nam Kevalam	(Rem – Solm)	(Lam – Rem)
Param Pita Baba Kie	(Do – Fa)	(Sol7 – Do)

Only the Name of the Beloved!

Riconosco il Nome dell'Assoluto e lo venero in ogni cosa!

49. Veneration

1. Namo Namo Namo (Do)
   Bhagawan Krishna Ke Charan (2) (Do)
   Bhagawan Krishna Ke Charan (4) (Fa – Do – Fa – Do)
   Apna Hridaya me basale (Sol – Fa)
   Bhagawan Krishna Ke Charan (Do)
   Bhagawan Krishna Ke Charan (Do)
   Oh, Bhagawan Krishna Ke Charan (Do)

2. Namo Namo Namo (Do)
   Jesus Christ Ke Charan (2) (Do)
   Jesus Christ Ke Charan (4) (Fa – Do – Fa – Do)
   Apna Hridaya me basale (Sol – Fa)
   Jesus Christ Ke Charan (Do)
   Jesus Christ Ke Charan (Do)
   Oh, Jesus Christ Ke Charan (Do)

3. Namo Namo Namo (Do)
   Divine Mother Ke Charan (2) (Do)
   Divine Mother Ke Charan (4) (Fa – Do – Fa – Do)
   Apna Hridaya me basale (Sol – Fa)
   Divine Mother Ke Charan (Do)
   Divine Mother Ke Charan (Do)
   Oh, Divine Mother Ke Charan (Do)

4. Namo Namo Namo (Do)
   Shirdisai Ke Charan (2) (Do)
   Shirdisai Ke Charan (Fa – Do – Fa – Do)
   Sai Baba Ke Charan (2) (Sol – Fa)
   Apna Hridaya me basale (Do)
   Shirdisai Ke Charan (Do)
   Shirdisai Ke Charan (Do)
   Oh, Shirdisai Ke Charan (Do)

5. Namo Namo (Do)
   Babaji Ke Charan (2) (Do)
   Babaji Ke Charan (Fa – Do – Fa – Do)
   Mahavatar Ke Charan (2) (Sol – Fa)
   Apna Hridaya me basale (Do)
   Babaji Ke Charan (Do)
   Babaji Ke Charan (Do)
   Oh, Babaji Ke Charan (Do)
   (Do)

6. Namo Namo Namo (Do)
   Lahiri Mahasaya Ke Charan (2) (Fa – Do – Fa – Do)
   Lahiri Mahasaya Ke Charan (Sol – Fa)
   Yogavatar Ke Charan (2) (Do)
   Apna Hridaya me basale (Do)
   Lahiri Mahasaya Ke Charan (Do)
   Lahiri Mahasaya Ke Charan (Do)
   Oh, Lahiri Mahasaya Ke Charan

7. Namo Namo Namo (Do)
   Yukteswar Ji Ke Charan (2) (Do)
   Yukteswar Ji Ke Charan (Fa – Do – Fa – Do)
   Jnaana Avatar Ke Charan (2) (Sol – Fa)
   Apna Hridaya me basale (Do)
   Yukteswarji Ke Charan (Do)
   Yukteswarji Ke Charan (Do)
   Oh, Yukteswarji Ke Charan (Do)

8. Namo Namo Namo (Do)
   Vishwananda Ke Charan (2) (Do)
   Vishwananda Ke Charan (Fa – Do – Fa – Do)
   Premavatar Ke Charan (2) (Sol – Fa)
   Apna Hridaya me basale (Do)
   Vishwananda Ke Charan (Do)
   Vishwananda Ke Charan (Do)
   Oh, Vishwananda Ke Charan (Do)

Ripetere versi 1,2 e 5 senza ripetizioni (2) e (4)

(Canto di venerazione a varie Divinità, incarnazioni divine)

50. Asato Ma

Asato Ma Sat Gamaya   (Do – Sol – Lam)
Tamaso Ma Jyotir Gamaya   (Lam – Do)
Mrityor Ma Amritam Gamaya   (Sol – Do)
(Om Shanti, Shanti, Shanti Om)   (Do – Si^b – Do – Si^b – Do – Re^b – Do)

From untruth lead me (us) to the truth
From darkness lead me (us) to the light
From death lead me (us) to immortality
Om Peace, Om Peace, Om Peace

Dall'irreale conducimi/ci al reale
Dall'oscurità conducimi/ci alla luce
Dalla morte conducimi/ci all'immortalità
Om Pace, Om Pace, Om Pace

51. Om Namo Babaji Namaha

Om Namo Babaji Namaha   (Sol)
Om Namo Babaji Namaha   (Sol – Do)
Om Namo Babaji Namaha   (Sol)
Mahavatara Namo Namaha   (Do – Sol)

(Canto di lode dedicato a Mahavatar Babaji)

52. Om Namo Narayanaya
(Deva Premal)

Om Namo Narayanaya   (Sol – Do – Re – Sol)

A mantra in awe of the Divine, expressing the devotion to Godliness.

Mantra che venera il divino ed esprime devozione nei confronti della divinità.

(Narayanaya è un'altro nome di Vishnu, colui che preserva e mantiene l'ordine cosmico, noto anche come simbolo di compassione.)

53. Om Namo Bhagavate
(Deva Premal)

Om Namo   (La – Fa$^\#$m – Re – Sim)
Bhagavate   (Mi - Fa$^\#$m – Do$^\#$m – Re)
Vasudevaya   (La - Fa$^\#$m – Sol – Mi)

(Saluto universale al Dio Vishnu)

54. Om Ram Ramaya
(Deva Premal)

Tempo 2

Om Ram Ramaya	(Fa#m)	(Fa#m)
Swaha	(Do#m)	(Do#m)
Om Ram Ramaya	(Sim)	(Fa#m)
Swaha	(La)	(Sim – Mi)
Om	(Mi)	

*Om and Salutations to that perfection in the physical realm which is Rama,
whose attributes exist in all of us, eternally.*

*Om e acclamazioni a quella perfezione nel regno fisico che è Rama (Dio),
le cui qualità sono eternamente presenti in noi tutti.*

55. Om Sri Saché *(Deva Premal)*

Om Sri Saché Mahaprabhu	
Ki Jay	(Lam – Rem)
Paramatma Ki Jay	(Do)
Om Shanti Shanti Shanti Om	(Sol – Fa – Do)
	(Rem – Sol – Mi7)

*May the ultimate truth be victorious.
May that which is beyond all boundaries be victorious.
May there be peace, peace, peace.*

*Possa la verità ultima essere vittoriosa.
Possa tutto quello che sta dietro a ogni limite essere vittorioso (in senso di
progresso spirituale).
Possa esservi pace, pace, pace.*

56. Hari Om Namo Narayana
(Deva Premal)

Hari Om Namo Narayana	(Lam – Mi7)
Om Namo Narayana	(Mi7)
Hari Om Namo Narayana	(Rem – Lam)
Hari Om Namo Narayana	(Rem – Lam)
Hari Om Namo Narayana	(Lam – Mi7 – Lam)
Hari Om Namo Narayana	(Lam – Mi7 – Lam)
Om Namo Narayana	(Mi7)
Hari Om Namo Narayana	(Rem – Lam)
Hari Om Namo Narayana	(Rem – Lam)

(This mantra is an expression of reverence for God)

(Questo mantra è l'espressione di devozione per Dio)

57. Govinda Hare

Variante 2

Govinda Hare Gopala Govinda Hare Hare
Gopala Gopala Hare Krishna Hare Hare
Govinda Hare Gopala Govinda Hare Hare
Gopala Gopala Hare Krishna Hare Hare
Gopala Gopala Gopala Gopala

(Lam – Sol – Lam – Sol – Lam)	(Rem – Do – Rem – Do – Rem)
(Rem – Lam – Sol – Rem)	(Solm – Rem – Do – Solm)
(Lam – Sol – Lam – Sol – Lam)	(Rem – Do – Rem – Do – Rem)
(Rem – Lam – Sol – Rem)	(Solm – Rem – Do – Solm)
(Lam – Sol – Lam – Sol)	(Rem – Do – Rem – Do)

Chant the Name of Lord Govinda and Gopala. Who is the friend of the Gopi and Gopa (devotees). Who plays enchanting music on His Flute. Chanting the name of the Lord destroys miseries and ignorance.

Gloria a Te Signore Govinda (divino "pastore"). Signore Gopala (Signore che controlli e guidi i sensi). Signore Krishna, con la musica del Tuo flauto affascini la mente ed induci alla devozione. I nomi del Signore distruggono la miseria e l'ignoranza.

58. Tuhi Allahu Akbar

Variante 2

Tuhi Allahu Ak(a)bar Tuhi Yesu Sai Shankara
Tuhi Rama Rahim Tuhi Krishna Karim
Tuhi Buddha Tuhi Vishnu Tuhi Chidananda Hari

(Fam – Dom – Mi^b – Fam)	(Rem – Lam – Do – Rem)
(Fam – Mi^b – Fam)	(Rem – Do – Rem)
(Si^{b}m – La^b – Mi^b – Fam)	(Solm – Fa – Do – Rem)

Tuhi Ram: Raghupati Raghava Raja Ram
                Patita Pavana Sita Ram

(Dom – Fam)   (Lam – Rem)

Tuhi Buddha: Buddham Sharanam Gacchami

(Mi^b – Fam – (Mi^b) – Fam)   (Do – Rem – (Do) – Rem)

Tuhi Allah: Allah Hu Ak(a)abar Allah Hu Ak(a)bar

(Dom – Fam – (Mi^b) – Fam   (Lam – Rem – (Do) – Rem
- (Mi^b) – Fam – (Mi^b) – Fam)   - (Do) – Rem – (Do) – Rem)

(Canto di lode dedicato ai vari nomi di Dio: Allah per i musulmani; Gesù per i cristiani; Rama, Krishna e Vishnu per gli indù; Budda per i buddisti e a Sri Satya Sai Baba.)

59. Shiva Shankara

Shiva Shankara Shiva Shankara Shiva Shankara
Hari Om (2)
Shiva Shankara Shiva Shankara Shiva Shankara
Hari Om (2)
Hari Om Hari Om Hari Om

(Rem – Do – Rem)

(Lam – Sol – Lam)

(Do – Rem – Do – Rem – Do – Rem)

(Canto di lode al Signore Shiva)

60. Om Sai Ram

Om Sai Ram Om Sai Ram Om Sai Ram Om Sai Ram

(Lam – Sol – Fa – Lam) (Rem – Do – Si^b – Rem)

(Saluto tipico tra i devoti di Sri Sathya Sai Baba dal significato "Saluto il Dio che è in te". Il cantarlo porta pace, dà serenità ai nostri cuori, alla nostra mente e calma il nostro corpo fisico.)

61. Amma Amma Taye

Amma Amma Taye   (Do)
Akhilandeshwari Niye   (Do - Lam)
Annapurneshwari Taye   (Lam - Do)
Ooh - Adi Parashakti Niye   (Fa – Sol – Do (Sol))

*O Mother, Mother, dear Divine Mother, Goddess of the Universe,
Giver of food to all creatures, Thou art the Primal Supreme Power.*

*O Madre, amata Madre Divina, Dea dell'universo e nutrice di tutte le
creature, sei la più grande forza primordiale.*

62. Jaya Mata Kali Jaya Mata Durge

Jaya Mata Kali Jaya Mata Durge (2)   (Lam – Rem – Lam)
Kali Durge Namo Namah (2)   (Lam)
Kali Durge Namo Namah (2)   (Fa – Lam)
Kali Durge Namo Namah (2)   (Lam)

Mantra dedicato alla Dea Kali e alla Dea Durge

63. Sat Patim *(Deva Premal)*

Sat Patim Dehi Parameshwara
Sat Patim Dehi Parameshwara   (La – Re)
Sat Patim Dehi Parameshwara   (La – Mi)
Om Shrim Shriyei Namaha (Refrain)   (La – Rem – La – Mi)

*Mantra for women to attract a love partner > "Please give to me a man of
truth who embodies the perfect masculine principles"(From "Songs for the
Inner Lover")*

*Mantra per le donne per attirare un partner >"Per favore donami un
compagno di verità che incarni il perfetto principio maschile" (Da "Songs
for the Inner Lover")*

64. Maha Mrityunjaya Mantra

Om Trymbakam Yajamahe   (Lam)
Sugandhim Pustivardhanam   (Lam – Sol – Do)
Urvarukamiva Bandhanan   (Rem – Do)
Mrtyor Muksiya Mamrtat – OM   (Fa – Sol – Lam)

*OM. We worship and adore you, O three-eyed one, O Shiva. You are sweet
gladness, the fragrance of life, who nourishes us, restores our health, and
causes us to thrive. As, in due time, the stem of the cucumber weakens, and
the gourd if freed from the vine, so free us from attachment and death, and
do not withhold immortality.*

*Veneriamo quell'Uno dalla visione divina che nutre tutti gli esseri viventi
(Tryambak - aspetto guaritore di Shiva). Che Egli possa liberarci dalla
morte e donarci l'immortalità.*

65. Sai Ram Sai Ram

Variante 2

Sai Ram Sai Ram	(Dom – La^b – Dom)	(Rem – Si^b – Rem)
Sai Ram Jay Sai Ram	(Dom – Mi^b – Si^b – Dom)	(Rem – Fa – Do – Rem)
Partti Purisvara Sai Ram	(Solm – La^b – Solm)	(Lam – Si^b – Lam)
Sai Ram Sai Ram	(Dom – La^b – Dom)	(Rem – Si^b – Rem)
Raghupati Raghava Raja Ram	(Mi^b – Si^b – Dom)	(Fa – Do – Rem)
Patita Pavana Sita Ram	(Fam – Si^b – Dom)	(Solm – Do – Rem)
Isvara Allah Tere Nam	(Si^b – La^b – Dom)	(Do – Si^b – Rem)
Sabako Sanmati De Bhagavan	(Dom – Mi^b – Si^b – Dom)	(Rem – Fa – Do – Rem)

Victory to Sathya Sai, uplifter, Savior, husband of Sita, all names are yours, Lord give all a clear mind and discrimination.

Vittoria a Sathya Sai, colui che risolleva lo spirito, consorte di Sita, dai tanti nomi, Signore, donaci una mente chiara e discernimento.

66. Sai Hai Jivan

Variante 2

Sai Hai Jivan Jivan Satya Sai	(Solm – Dom)	(Lam – Rem)
Sai Mera Jivana Sahara	(Solm – La^b – Solm – Dom)	(Lam – Si^b – Lam – Rem)
Sai Hai Jivan Jivan Satya Sai	(Solm – Dom)	(Lam – Rem)
Tere Bina Sai Sab Hai Andhera	(Mi^b)	(Fa)
Para Karo Meri Jivana Naiya	(Si^b – Solm)	(Do – Lam)
Carana Lagalo Mujhe Sai Kanhaiya	(Solm – La^b – Dom)	(Lam – Si^b – Rem)

Sai is the esence of life, life itself is Sai; Sai is the support and sustenance of my life; Without you, Sai, all is darkness; Guide the boat of my life across the ocean; Hold me at your feet, Sai Krishna.

Sai è l'essenza della vita, la vita in sé è Sai. Sai è il supporto e il nutrimento della mia vita. Senza di Te, Sai tutto è oscurità. Guida la barca della mia vita attraverso l'oceano, tienimi ai tuoi piedi, Sai Krishna.

67. Om Namah Shivaya

Om Namah Shivaya Om Namah Shivaya	(2)	(Lam – Sol – Fa – Sol – Lam)
Shivaya Namah Om Shivaya Namah Om	(2)	(Lam – Sol – Fa – Sol – Lam)
Bolo Shivaya Namah OM Shivaya Namah Om	(2)	(Lam – Sol – Fa – Sol – Lam)

(Lode al Signore Shiva, Verità Suprema)

68. Adi Shakti

Adi Shakti Adi Shakti Adi Shakti Namo Namo	(Sol – Re – Mim – Do – Sol – Re - Mim – Do)
Sarab Shakti Sarab Shakti Sarab Shakti Namo Namo	(Sol – Re – Mim – Do – Sol – Re - Mim – Do)
Pritam Bhagvati Pritam Bhagvati Pritam Bhagvati Namo Namo	(Sol – Re – Mim – Do – Sol – Re - Mim – Do)
Kundalini Mata Shakti Mata Shakti Namo Namo	(Sol – Re – Mim – Do – Sol – Re - Mim – Do)

Mi inchino al Potere primordiale. Mi inchino alla Onnicomprensiva energia. Mi inchino a ciò che Dio crea. Mi inchino al potere creativo della Kundalini, il Potere della Madre Divina.

69. Om Gam Ganapataye Namaha Sharanam *Ganesh*

Om Gam Ganapataye Namaha
Sharanam Ganesh

(Lam – Fa – Sol – Lam)
(Lam – Rem – Sol – Lam)
(Lam – Sol – Lam – Lam – Sol – Lam)

(Lode a Ganesh)

70. He Amba Bol

He Amba He Amba He Amba Bol
Ishvara Sata Chita Ananda Bol
Shri Samba Sada Shiva Samba Sada Shiva
(Shri) Samba Sada Shiva Bol, Palaka Preraka
Sata Pati Bol
Amba Amba Jaya Jagadamba
Akhilandeshvari Jaya Jagadamba

(Mim – Lam)
(Sol – Lam – Sol – Fa – Mim)
(Mim)
(Lam – Sol – Lam - Sol)
(Fa – Mim)
(Mim – Rem – Mim)
(Lam – Sol – Fa – Mim)

Chant "Mother" Chant "Lord God is existence, awareness, bliss". Chant eternally auspicious one". Chant protector, inspirer and Lord of all". Hail the universal Mother of the entire creation.

Cantiamo "Madre". Cantiamo "Il Signore Dio è esistenza, consapevolezza, benedizione". Cantiamo "Colui dell'eterno buon auspicio". Cantiamo protettore, ispiratore e Signore di tutto". Salutiamo la Madre universale dell'intera crazione.

71. Durga Pahimam

Variante 2

Hey Ma Durga Hey Ma Durga
Hey Ma Durga Rakshamam
Hey Ma Durga Hey Ma Durga
Hey Ma Durga Pahimam

(Dom – Fam – Dom)   (Lam – Rem – Lam)
(Dom - Si♭ – Dom)   (Lam – Sol – Lam)
(Dom – Fam – Dom)   (Lam – Rem – Lam)
(Dom - Si♭ – Dom)   (Lam – Sol – Lam)

Oh Mother Durga, Oh Mother Durga, Oh Mother Durga. You are my protector. Oh Mother Durga, Oh Mother Durga, Oh Mother Durga you are my savior. I offer myself completely to you, now I am no longer mine, I am Yours.

O Madre Durga, O Madre Durga, O Madre Durga sei la mia protettrice. O Madre Durga, O Madre Durga, O Madre Durga sei la mia salvatrice. Mi affido completamente a Te. Non mi appartengo più, appartengo a Te.

72. Shri Guru Sharanam

Shri Guru Sharanam Satguru Sharanam
Guru Om Guru Om Guru Om Mangalam

(Rem – Si♭ – Do – Rem)
(Rem – Si♭ – Do – Rem)

All respect to the divine teacher, the ever protecting true Guru, who is the source of all auspiciousness.

Ogni rispetto per il divino Maestro, il Guru sempre protettivo che è la fonte di tutti i buoni auspici.

72. Bhaja Gopala

Bhaja Gopala Bhaja Gopala (Lam)
Pyare Murare Mere Nandalala (Mi – Lam)
Nandalala Nandalala Nandalala Yadu Nandalala (Lam – Re – Lam – Mi – Lam)
Nandalala Nandalala Nandalala Yadu Nandalala (Lam – Sol – Mi – Lam)
Bala Bopala Bala Gopala (Lam)
Murali Manohana Nandalala (Lam – Re – Lam – Mi – Lam)
Nandalala Nandalala Nandalala Yadu Nandalala (Lam – Re – Lam – Mi – Lam)
Nandalala Nandalala Nandalala Yadu Nandalala (Lam – Sol – Fa – Mi – Lam)

*Sing the names of Gopala, the Destroyer of the demon Mura, my dear Son
of Nanda. Baby Krishna, Flute Player, Enchaner of the mind, son of
Nanda, Some call Him Rama, Some call Him Shyama.*
*Cantate i nomi di Gopala, il distruttore del demone Mura, mio caro Figlio
di Nanda, Krishna Bambino, Suonatore di Flauto, Incantatore della mente,
figlio di Nanda. Alcuni lo chiamano Rama, alcuni lo chiamano Shyama.*

73. Bhajo Nitai Gauranga Radhe Shyam

Bhajo Nitai Gauranga Radhe Shyam (Lam – Fam)
Japa Hare Krishna Hare Ram (Fam – Sol – Lam)

*(Mantra dal significato che lo scopo della nostra anima è quello di
raggiungere l'amore attraverso il Servizio a Lui.)*

74. Narayana Bhaja Narayan

Narayana Bhaja Narayan (Lam – Do)
Narayana Bhaja Narayan NarayanTana Mana Ranjana (Mim – Lam – Mim – Lam)
Bhava Bhaya Bhanjana (Lam – Rem)
Asura Nikhandana Narayan (Lam – Fa – Mim)

1) Jaba Jaba Pida Pade Bhakta Par (Mim – Lam)
   Bar Bar Avatar Kiya-a-a-a- (Mim – Lam – Mim)
   Papa Mitakara Dhira Dikhakara (Lam – Do – Re)
   Manava Ko Oddhar Kiya (Do – Re – Mim)
   Kunja Vihari Krishna Murari (Lam – Rem)
   He Giridhari Narayan (Lam – Fa – Mim)

2) Matsya Kurma Varaha Narahari (Mim – Lam)
   Vamana Ko Avatara Kiya-a-a-a- (Mim – Lam – Mim)
   Parashurama Aura Rama Krishna Bana (Lam – Do – Re)
   Dusho Ko Samhara Kiya (Do – Re – Mim)
   He Avatari Lila Dhari (Lam – Rem)
   Kunja Vihari Narayan (Lam – Fa – Mim)

3) Bhajana Se Mana Ko Sajana Banakara (Mim – Lam)
   Bhakti Marga Dikhala Diya-a-a-a- (Mim – Lam – Mim)
   Hari Bhajana Se Bhava Sagara Ko (Lam – Do – Re)
   Parana Bhi Sikhaladiya (Do – Re – Mim)
   Kunja Vihari Krishna Murari (Lam – Rem)
   He Giridhari Narayan (Lam – Fa – Mim)
   (Lode al Signore Narayan)

B. Bhajan Sri Swami Premananda
(*Composizioni del Gruppo canti di*
Sri Swami Premananda, Milano)

1. Ganesha

Ganesha Sharanam, Ganesha Sharanam, Ganesha Sharanam	(Do – Sol – Fa – Sol)
Siddhi Vinayaka Gajanana, Madhava Priya Muda Mangalam	(Do – Sol – Fa – Sol)
Ganesha Sharanam, Ganesha Sharanam, Ganesha Sharanam	(Do – Sol – Fa – Sol)
Jai Jai Jai Premananda Ganesha	(Do – Sol)
Jai Jai Jai Vinayaka	(Fa – Sol)

(Canto di lode dedicato a Sri Ganesha)

2. Sharanam Vinayaka

Sharanam Vinayaka Vigna Vigna Vinasaka	(Mim – Re – Do – Mim)
Parvati Nandana Shiva Gauri Nandana	(Mim – Do – Mim)
Gajanana Hey Subhanana	(Mim – Do – Mim)
Jai Jai Ganesha, Jai Jai Ganesha (2)	(Mim – Re – Mim)
Sharanam Vinayaka Vigna Vigna Vinasaka	(Mim – Re – Do – Mim)
Mukti Pradayaka Mushika Vahana	(Mim – Do – Mim)
Sri Premananda Hey Siddhi Vinayaka	(Mim – Do – Mim)
Jay Jay Ganesha, Jay Jay Ganesha (2)	(Mim – Re – Mim)

(Canto di lode dedicato a Sri Ganesha)

3. Guru Parane

Variante 2

Guru Parane, Guru Parane, Guru Swami Premananda	(Mim – Do – Sol – Re)	(Sim – Sol – Re – La)
Manase Sharanam Om Prema Shanti Prema Manohara	(Mim – Do – Sol – Re)	(Sim – Sol – Re – La)
Sadguru Jai		
Om Shanti Om, Om Shanti Om, Om Shanti Om, Om Shanti Om	(Mim – Do – Sol – Re)	(Sim – Sol – Re – La)
Guru Parane, Guru Parane, Guru Swami Premananda	(Mim – Do – Sol – Re)	(Sim – Sol – Re – La)
Brahma Vishnu Shiva Shivaya Premananda Guru Devaya	(Mim – Do – Sol – Re)	(Sim – Sol – Re – La)
Om Shanti Om, Om Shanti Om, Om Shanti Om, Om Shanti Om	(Mim – Do – Sol – Re)	(Sim – Sol – Re – La)

(Canto di lode dedicato a Sri Swami Premananda)

4. Guru Deva Prema Deva

Guru Deva Prema Deva Hari Deva Maha Deva	(Mim – Do – Sol – Re)
Premananda Brahma Premananda Vishnu	(Mim – Do – Sol – Re)
Premananda Shiva Avatara	
Jay Prema Shanti, Jay Prema Shanti, Jay Prema Shanti	(Mim – Do – Sol – Re)
Hari Om	
Sharanam Guru, Sharanam Buddhi, Sharam Bhajana	(Mim – Do – Sol – Re)
Premananda Jothi, Premananda Mani, Premananda	(Mim – Do – Sol – Re)
Muni Nayaka	
Jay Prema Shanti, Jay Prema Shanti, Jay Prema Shanti	(Mim – Do – Sol – Re)
Hari Om	

(Canto di lode dedicato a Sri Swami Premananda)

5. Jai Jai Gurudeva

Jai Jai Gurudeva Swami Premananda	(Re – La – Sol – La)
Manase Sharanam Om Namah Shivaya (2)	(Re – La – Sol – La)
Jai Jai Gurudeva Swami Premananda	(Re – La – Sol – La)
Prema Manohara Sadgurudeva (2)	(Re – La – Sol – La)
Swami Premananda Mana Vihari	(Re – La – Sol – La)
Jai Prema Shanti Jai Prema Shanti Jai Prema Shanti	(Re – La – Sol – La)

(Canto di lode dedicato a Sri Swami Premananda)

6. Om Sri Gurudeva

Om Sri Gurudeva Sadgurudeva	(Rem – Do – Rem)
Premananda Vasane Prema Pradayane	(Rem – Do – Rem)
Roja Malar Priya Premaswarupa	(Rem – Do – Rem)
Om Sri Gurudeva Om Prema Shanti	(Rem – Do – Rem)
Om Prema Shanti (2)	(Do – Rem)

(Canto di lode dedicato a Sri Swami Premananda)

7. Attaleni Amma

Variante 2

Attaleni Amma Devi Jothi Prakasha	(Solm – Fa – Do – Solm)	(Rem – Do – Sol – Rem)
Akilandeshwari Jagan Mata	(Fa – Solm)	(Do – Rem)
Amma Amma Amma Amma	(Solm – Rem – Do – Solm)	(Rem – Lam – Sol – Rem)
Attaleni Amma Karuna Mahashakti	(Solm – Fa – Do – Solm)	(Rem – Do – Sol – Rem)
Rajarajeshwari Daya Nidhe	(Fa – Solm)	(Do – Rem)
Amma Amma Amma Amma	(Solm – Rem – Do – Solm)	(Rem – Lam – Sol – Rem)
Divya Atma Swarupa Attaleni Amma	(Solm – Fa – Do – Solm)	(Rem – Do – Sol – Rem)
Amma Amma Amma Amma	(Solm – Rem – Do – Solm)	(Rem – Lam – Sol – Rem)

(Canto di lode alla Madre Divina)

8. Hari Om (Amma)

Hari Om Hari Om
Jai Prema Shanti Jai Prema Shanti Jai Prema Shanti
Hari Om
Mariamma Mariamma Mari Mari Mariamma

(Sol – Re – Do – Mim – Re)
(Mim – Do – Sol – Re)

(Sol – Mim – Do – Re)

(Canto di lode dedicato alla Madre Divina)

9. Muruga

Velava Velava Premananda Muruga
Vel Vel Muruga Vel Vel Muruga Saravanabhavane
Premananda Muruga (Harohara)
Velava Velava Premananda Muruga
Vel Vel Muruga Vel Vel Muruga Skanda Kumara
Premananda Muruga (Harohara)

(Rem – Do – Sol – Rem)
(Rem – Do – Sol – Rem)

(Rem – Do – Sol – Rem)
(Rem – Do – Sol – Rem)

(Canto di lode dedicato a Muruga, figlio di Shiva e Parvati, fratello di Ganesh, chiamato anche Skanda, Kartikkeya, Kumara, Sharavana o Subrahmanyam.
L'ashram di Sri Swami Premananda in India è stato costruito in un luogo dedicato alla divinità Muruga).

10. Rama

Ayodhya Vasa Sitha Rama Ragukulatilaka Sitha Rama
Premananda
Ragukulatilaka Sitha Rama Premananda
Ramaya Om Ramaya Ramaya Om Ramaya
Sundara Sri Premananda Bhajo Mana Rama Sitha
Rama Premananda
Ramaya Om Ramaya Ramaya Om Ramaya

(Lam – Sol – Fa – Sol – Lam)

(Fa – Sol – Lam)
(Do – Sol – Rem – Lam)
(Lam – Sol – Fa – Sol – Lam)

(Do – Sol – Rem – Lam)

(Canto di lode dedicato al Signore Rama e alla sua consorte Sitha)

C. Bhajan (*Composizioni di Dawio Bordoli*)

1. Ganesha

Jai Jai Jai Ganesha	(Fa7+ – Do7+)
Jai Jai Jai Ganesha	(Fa7+ – Do7+)
Siddhi Vinayaka Gajanana	(Rem – Sol)
Siddhi Vinayaka Gajanana	(Rem – Sol)
Ganesha Sharanam	(Fa7+ – Do7+)
Ganesha Sharanam	(Fa7+ – Do7+)

(Canto di lode dedicato a Sri Ganesha)

2. Amma

Bhavani Ma Bhavani Ma Hari Om Shanti	(Re – Mim)
Bhavani Ma Bhavani Ma Hari Om Shanti	(Re – Mim)
Sundari Mata Sundari Mata Jai Om Shanti	(Fa#m – Mim)
Sundari Mata Sundari Mata Jai Om Shanti	(Fa#m – Mim)
Mari Mari Mari Mariamma Hari Om Shanti	(La – Mim)
Mari Mari Mari Mariamma Hari Om Shanti	(La – Mim)

(Canto dedicato ai vari nomi della Madre Divina)

3. Gayatri Mantra
(di Dawio V1/V2 e Maria Theresia V2)

Variante 2

Om Bhur Bhuva Svaha	(Do – Sol)	(Do – Mim7)
Tat Savitur Varenyam	(Fa – Do)	(La)
Bhargo Devasya Dhimahi	(Do – Sol)	(Rem – Sol)
Dhiyo Yo Nah Prachodayat	(Fa – Do)	(Sol7 – Sol)

Om - Meditiamo sulla Gloria di Isvara,
Colui che ha creato l'Universo,
Colui che merita adorazione,
Colui che impersona la Conoscenza e la Luce,
Colui che cancella tutti i peccati e l'ignoranza,
Possa Egli illuminare i nostri intelletti.

Il Gayatri Mantra è il Mantra più sacro, e, mentre prima era conosciuto e
cantato soltanto dagli Iniziati indù, oggi tutti hanno il permesso di cantarlo,
per volontà di Sai Baba. Il Gayatri Mantra è l'essenza di tutti i Mantra, vale
a dire l'Essenza di tutti i sacri Nomi di Dio. La Gayatri è una preghiera
volta solo ad ottenere l'Illuminazione dell'intelletto.
È un'invocazione rivolta alla Dea che non ha un nome speciale, ma che
trascende tutti i Nomi. Essa è diretta alla Madre Universale, senza alcun
nome restrittivo: Essa è la Madre di tutte le genti, di tutti i tempi e di tutte
le religioni. È di validità universale.

4. Hare Rama Hare Krishna

Hare Rama Hare Rama   (Lam – Sol)
Rama Rama Hare Hare   (Rem – Lam)
Hare Krishna Hare Krishna   (Lam – Sol)
Krishna Krishna Hare Hare   (Rem – Lam)
Hare Rama Hare Rama   (Lam – Sol)
Rama Rama Hare Hare   (Lam – Sol)
Hare Krishna Hare Krishna   (Lam – Sol)
Krishna Krishna Hare Hare   (Rem – Lam)

Salutiamo il Signore Rama, salutiamo il Signore Krishna.

5. Namo Namo Gurudeva

Namo Namo Gurudeva   (Re – Re7+)
Natha Brahma Jaganatha   (Sim – Si^b)
Hari Om Namah Shivaya   (Do – Re)
Sadgurudeva Prema Manohara   (Sim – Mim)
Sadgurudeva Prema Pradayane   (Sim – Mim)
Jai Prema Shanti Hari Om   (Do – Sim)
Jai Prema Shanti Hari Om   (Do – Sim)
Jai Prema Shanti Hari Om   (Do – La)

(Lode al Guru interiore)

6. Om Ah Hum Vajra Guru Padma Siddhi Hum

Om Ah Hum Vajra Guru Padma Siddhi Hum   (Dom – Si^b – Dom – Si^b)
Om Ah Hum Vajra Guru Padma Siddhi Hum   (La^b – Dom – Si^b – Dom)
Vajra Guru Padma Siddhi Hum   (Dom – Si^b – Dom)
Vajra Guru Padma Siddhi Hum   (Dom – Si^b – Dom)

(Mantra buddista del "Guru prezioso")

7. Yuga Avatara Ramana

Yuga Avatara Ramana Hari Om   (Sol – Sim – Mim – Do)
Narayana Gurudeva Sharanam   (Sol – Lam – Re)
Om Shanti Jaya Guruve   (Do – Sol – Lam – Sol)
Ramana Ramana Ramana Ramana   (Do – Sol – Lam – Sol)

(Canto di lode dedicato a Sri Ramana Maharshi)

8. Om Mani Padme Hum

Om Mani Padme Hum (Dom – Solm)
Om Mani Padme Hum (Fam – Solm)
Om Mani Padme Hum (Dom – Solm)
Om Mani Padme Hum (Fam – Solm)

(Mantra buddista della compassione)

9. Ananda Samadhi Nirvana

Ananda Samadhi Nirvana (Sol – Re – Mim7 – Re)
Om Prema Shanti Hari Om Prema Shanti (Sol – Re – Mim7 – Re)
Jai Guru Deva Hari Om Maha Deva (Sol – Re – Mim7 – Re)

(Canto di lode dedicato al Guru interiore)

10. Bolo Bolo Om Namah Shivaya

Bolo Bolo Om Namah Shivaya (La – Do – Re – Do)
Bolo Bolo Om Namah Shivaya (La – Do – Re – Do)
Om Namah Shivaya Om Namah Shiva Shiva (La – Do – Re – Do)
Bolo Bolo Bolo Bolo Bolo Om Namah Shivaya (La – Do – Re – Do)

(Canto di lode al Signore Shiva)

11. Jai Jai Jai Krishnamurti Jai

Jai Jai Jai Krishnamurti Jai (Mi – Fa$^{\#}$ – La – Mi)
Hari Om Krishnamurti Jai (Do$^{\#}$m – Sol)
Hari Om Krishnamurti Jai (Fa – Mi)
Om Krishnamurti Jai (Sol – Fa – Mi)

(Canto dedicato a Jiddu Krishnamurti, 1895 – 1986)

12. Omkara Priya Shiva Shankara

Omkara Priya Shiva Shankara (Mi – Fa$^{\#}$m – Sol$^{\#}$m – La – Si)
Dimmi Dimmi Shiva (La)
Dimmi Dimmi Shankara (Sol$^{\#}$m)
Dimmi Dimmi Mahadeva (Fa$^{\#}$m – Mi)
Shiva Shankara (Sol – La – Mi)
Mahadeva (La – Sol – Mi)

(Canto di lode al Signore Shiva)

13. Narayana

Narayana
Narayana Narayana Hari Om
Narayana Hari

(Lam7 – Mi7/4)
(Lam7 – Rem7 – Mim7 – Lam7 – Rem7 – Mim7)
(Rem7 – Mim7 – Rem7 – Mim7)

(Narayana: una delle forme di Vishnu)

14. Om Dum Durgayei Namaha

Om Dum Durgayei Namaha
Om Dum Durgayei Namaha
Namaha

(Dom – Si^b – Dom – Si^b)
(Fam – Dom – Si^b – Dom)
(Si^b – Dom)

'Aum' and 'Dum' are seed mantras. This mantra protects, encourages, gives confidence, removes anxiety.

Mantra della dea Durga = altra forma di Shakti, consorte di Shiva. È un mantra protettivo che aiuta a infondere coraggio, ad acquisire fiducia e a rimuovere l'ansia. La dea Durga protegge in genere i cercatori della verità da qualsiasi influenza negativa.

15. Sri Ganesha

Sri Ganesha Para Shakti Mahadeva
Vidya Dayaka Buddhi Pita Pradayaka
Jai Jai Jai Ganesha Parvati Pita Shankara

(Sol – Lam – Do – Sol)
(Sol – Lam – Do – Sol)
(Sol – Lam – Do – Sol)

(Canto di lode dedicato a Sri Ganesha)

16. Sad Guru Deva Brahma

Ananda Chanda Satchidananda
Sad Guru Deva Brahma
Sad Guru Deva Brahma
Parama Dayala Karuna Sagara
Sad Guru Deva Brahma
Sad Guru Deva Brahma
Bhakta Jivana Dhana Govinda
Sad Guru Deva Brahma
Sad Guru Deva Brahma

(Lam – Mim – Do - Mim)
(Rem – Lam – Sol - Do)
(Rem – Lam – Sol - Lam)
(Lam – Mim – Do - Mim)
(Rem – Lam – Sol - Do)
(Rem – Lam – Sol - Lam)
(Lam – Mim – Do - Mim)
(Rem – Lam – Sol - Do)
(Rem – Lam – Sol - Lam)

Chant the name of Noble Teacher, whose form is eternal bliss - O Lord of Radha, Krishna. You are extremely compassionate and ocean of mercy and life-breath of devotees.

Cantiamo il nome del nobile Maestro, la cui forma è eterna beatitudine. O Signore di Radha, Krishna. Tu che sei così compassionevole, grazia infinita e alito di vita per i devoti.

17. Samayapura Hey Amba

Samayapura Hey Amba   (Solm – Fa – Si^b – Fa)
Jagadamba Hey Amba   (Solm – Fa – Si^b – Fa)
Rajarajeshwari Hey Amba   (Solm – Fa – Si^b – Fa)
Akilandeshwari Bhavani Ma   (Solm – Fa – Si^b – Fa)
Bhuvaneshwari Bhavani Ma   (Solm – Fa – Si^b – Fa)
Jagadodharini Bhavani Ma   (Solm – Fa – Si^b – Fa)
Mariamma Mariamma Mariamma Mariamma   (Solm – Fa – Si^b – Fa)

(Canto di lode dedicato ai vari nomi della Madre)

18. Raghuvara Sundara Rama

Raghuvara Sundara Rama   (Si – Mi – Si – Fa$^#$)
Parama Pavana Hey Jaga Vandana   (Si – Mi – Si – Fa$^#$)
Patitodharana Bhakta Parayana   (Si – Mi – Fa$^#$ – Si)
Ravana Mardana Vighna Bhanjana   (Si – Fa$^#$ – Si – Mi)
Paratipurishvara Rama Narayana   (Si – Mi – Fa$^#$ – Si)

Beautiful Lord Rama is supremest among Raghu dynasty. He is protector and uplifter of devotees and extremely auspicious. He is worshipped by entire creation. He destroys obstacles and annihilated demon King Ravana. Worship Lord Narayana, who has incarnated in Parthipuri as Lord Sai Ram.

Meraviglioso Signore Rama, sommo Re della dinastia Raghu: egli è protettore dei devoti e infonde prosperità. È venerato dall'intera creazione. Distrugge gli ostacoli. Ha annientato il demone Re Ravana. Venerate Narayana, che si è incarnato a Parthipuri come Sai Ram.

19. Meditazione

La schiena è eretta, la mente è sveglia   (Rem – Lam – Rem)
Osservo attentamente ogni pensiero.   (Rem – Lam – Rem)
Non interferisco minimamente,   (Rem – Do – Rem)
ma lascio che sia la pace dentro me. (2)   (Do – Rem)
Sono attento e vigile a non lasciarmi prendere.   (Rem – Lam – Rem)
Qualsiasi cosa accada, la lascio andare.   (Rem – Lam – Rem)
Non interferisco minimamente,   (Rem – Do – Rem)
ma lascio che sia la pace dentro me. (2)   (Do – Rem)
I pensieri s'acquietano, il silenzio aumenta.   (Rem – Lam – Rem)
Tutto scorre dolcemente e se ne va   (Rem – Lam – Rem)
Non interferisco minimamente,   (Rem – Do – Rem)
ma lascio che sia la pace dentro me. (2)   (Do – Rem)

20. Al di là della coscienza

Svuoto la coscienza da tutto il suo contenuto   (Mi^b – Si^b – Dom – Si^b)
il passato si dissolve, il futuro non c'è più.   (La^b – Mi^b – Dom – Si^b)
Oltre la coscienza, la libertà è totale. (2)   (La^b – Solm – Sol – Dom)
Il presente è il qui e ora, un continuo movimento,   (Mi^b – Si^b – Dom – Si^b)
al di là di ogni tempo, il pensiero non c'è più.   (La^b – Mi^b – Dom – Si^b)
Oltre la coscienza, la libertà è totale. (2)   (La^b – Solm – Sol – Dom)
Il tempo psicologico non è altro che il passato,   (Mi^b – Si^b – Dom – Si^b)
che modificandosi nel presente, si proietta nel futuro.   (La^b – Mi^b – Dom – Si^b)
Oltre la coscienza, la libertà è totale. (2)   (La^b – Solm – Sol – Dom)
La mente è silenziosa, la pace si fa strada,   (Mi^b – Si^b – Dom – Si^b)
la percezione è più sottile, è il fiorire della libertà.   (La^b – Mi^b – Dom – Si^b)
Oltre la coscienza, la libertà è totale. (2)   (La^b – Solm – Sol – Dom)

21. Canta i nomi di Dio
(di Dawio Bordoli e Loris Allemann)

Cristo, Ganesha, Mukunda, Krishna,   (Lam – Sol)
Brahma, Vishnu, Shiva, Rama, Ramana,
Hanuman, Gopala, Muruga, Skanda,
Subrahmanyam, Ishwara, Shankara, Shakti,
Sita, Bhavani, Amma, Durga, Kali,
Parvati, Radha, Lakshmi, Saraswati,
Jesu, Gautama, Guru Nanaka,
Ahura Mazda, Zorastra, Buddha.

22. Siddhi Pradayaka Gajanana Jai

Gaja Vadana Gananatha   (Dom – Solm)
Gaja Vadana Dina Natha   (Fam – Solm)
Siddhi Pradayaka Gajanana Jai   (Dom – Solm)
Siddhi Data   (Dom – Solm)
Shiva Tanaya   (Fam – Solm)
Siddhi Pradayaka Gajanana Jai   (Dom – Solm)
Parvati Nandana   (Dom – Solm)
Bhava Bhaya Bhanjana   (Fam – Solm)
Siddhi Pradayaka Gajanana Jai   (Dom – Solm)
Yuga Yuga Vandita   (Dom – Solm)
Jaya Sri Ganesha   (Fam – Solm)
Siddhi Pradayaka Gajanana Jai   (Dom – Solm)

Elephant-faced Ganesh, Lord of the Ganas and protector of the helpless. Son of Shiva, giver of liberation, destroyer of worldly fears. Glory to Ganesh who is revered through the ages.

Signore Ganesh, dal volto di elefante, Signore degli esseri celesti (Ganas) e protettore degli indifesi. Figlio di Shiva, liberatore e distruttore delle paure terrene. Gloria a Ganesh, venerato in tutte le epoche.

23. Guru Devaya Namo Namo

Guru Devaya Namo Namo   (Mim – Do – Sol – Re)
He Parameshvara Namo Namo   (Do – Mim – Do – Mim)
Guru Devaya Namo Namo   (Fa – Lam – Fa – Lam)
Omkaraya Namo Namo   (Sol – Lam – Fa – Lam)
Paratipurishvara Namo Namo   (Mim – Lam – Sol – Re)
Jagadishvara Namo Namo   (Do – Mim – Do – Mim)
Prashanti Ishvara Namo Namo   (Fa – Lam – Fa – Lam)

Bow again and again to: Supreme Noble Teacher, Supreme Lord, Lord whose form is Om, Lord of Parthi, Lord of the Universe and Lord of Prashanti Nilayam, Lord Sai.

Inchiniamoci più volte dinnanzi al supremo e nobile Maestro, Signore supremo la cui forma è l'Om, Signore di Parthi, Signore dell'universo e Signore del Prashanti Nilayam (Ashram di Sri Satya Sai Baba), Signore Sai.

24. Sri Ganesha Jaya Ganesha

Sri Ganesha Jaya Ganesha Jaya Ganesha Deva
Mata Adi Para Shakti Pita Mahadeva
Sri Ganesha Jaya Ganesha Jaya Ganesha Deva   (Mim7 – Fa7+ – Mim7 – Fa7+)
Mata Adi Parvati Pita Shankara Deva   (Lam – Mim – Rem – Lam)
Jaya Ganesha Deva Jaya Ganesha Deva   (Mim7 – Fa7+ – Mim7 – Fa7+)
Parati Ke Sal Prabhu Sankata Hara Deva   (Lam – Mim – Rem – Lam)
Sankata Hara Deva Sankata Hara Deva   (Mim7 – Fa7+ – Mim7 – Fa7+)
Parati Ke Sal Prabhu Paramananda Deva   (Lam – Mim – Rem – Lam)
Jaya Ganesha Deva Jaya Ganesha Deva   (Mim7 – Fa7+ – Mim7 – Fa7+)
                                                (Lam – Mim – Rem – Lam)
                                                (Mim7 – Fa7+ – Mim7 – Fa7+)

Glory to Sri Ganesha, Victory to Ganesha, Lord Ganesha. Your mother is the origin of all, Mother Shakti, Your father is Shiva, Lord of all Lords. Your mother is Parvati, Shiva's consort, Your father is the great Shankara Lord of all, the Destroyer of evil.

Gloria a Sri Ganesha, vittoria a Ganesha, Signore Ganesha. Tua madre è l'origine di tutto quanto esiste; Madre Shakti, Tuo padre è Shiva, Signore dei Signori. Tua madre è Parvati, consorte di Shiva, Tuo padre è il grande Shankara, Signore di tutto e dissolutore del male.

25. Sai Gayatri

Om Saisvaraya Vidmahe   (Lam – Mim)
Satya Devaya Dhimahi   (Lam – Mim)
Thanna Sarvah Prachodayat   (Lam – Mim)

Om Sri Bhaskaraya Vidmahe
Sai Devaya Dhimahi
Thanna Suryah Prachodayat

Om Prematmanaya Vidmahe
Hiranyagarbhaya Dhimahi
Thanna Satyah Pracodayat

Riconosciamo Sai come Shiva, Ishvara, Suprema Divinità.

Meditiamo su Sathya Dio di Verità, Virtù, Pace, Amore, Non violenza,
Sacrificio.
Possa l'onnipotente Suprema Persona guidarci alla liberazione e alla
beatitudine eterna

Noi sappiamo che Sai è Dio stesso.
Noi meditiamo sulla Verità Divina con tutte le nostre capacità spirituali.
Noi preghiamo di essere in grado di comprendere che tutto è solo
l'espressione dell'Uno Divino.

26. Om Namo Narayanaya
(di Dawio e Maria Theresia)

Om Namo Narayanaya

(Fa7+ - Mim7 – Fa7+ - Mim7 –
Rem - Lam – Rem – Mi)

Narayan è un altro nome di Vishnu. È un mukty Mantra, uno dei pochi
Mantra che portano fino alla liberazione (come nel Rosario). Significato;
"Mi inchino a quell'Essere che è presente in ognuno di noi".

27. Om Namo Ishvaraya Namaha
(di Dawio e Maria Theresia)

Om Namo Ishvaraya Namaha (2)
Ishvaraya Namaha Ishvaraya Namaha (2)
Namaha (4)

(Lam – Sol – Fa – Sol – Lam)
(Lam – Sol – Fa – Sol – Lam)
(Lam – Sol – Fa – Sol – Lam)

28. Om Namo Bhagavate
(di Dawio e Maria Theresia)

Om Namo Bhagavate
Om Namo Bhagavate
Om Namo Bhagavate
Om Namo Bhagavate

(Lam)
(Sol)
(Fa)
(Mi))

(Saluto universale al Dio Vishnu)

D. Canti Cristiani

1. Lode a Te Signor

Lode a Te Signor, lode a Te Signor,
mia roccia, mia fortezza, mia vita, mio canto,
lode a Te Signor, lode a Te Signor.
Alleluia, Alleluia, Alleluia, Alleluia
Alleluia, Alleluia, Alleluia, Alleluia

(Do – Rem)
(Sol7 – Do – Lam – Rem)
(Sol7 – Do)
(Do – Rem – Sol7 – Do)
(Lam – Rem – Sol7 – Do)

2. Laudato Sii, O mio Signore

Laudato Sii, O mio Signore (4)

(Do – Lam – Rem – Sol – Sol7 – Do)

E per tutte le creature, per il sole e per la luna, per le stelle e per il vento e per l'acqua e per il fuoco.

(Do – Lam – Rem – Sol – Sol7 – Do)

Laudato Sii, O mio Signore (4)

(Do – Lam – Rem – Sol – Sol7 – Do)

Per sorella madre terra, ci alimenta e ci sostiene, per i frutti i fiori e l'erba, per i monti e per il mare.

(Do – Lam – Rem – Sol – Sol7 – Do)

Laudato Sii, O mio Signore (4)

(Do – Lam – Rem – Sol – Sol7 – Do)

Perché il senso della vita è cantare e lodarTi, e perché la nostra vita sia per sempre una canzone.

(Do – Lam – Rem – Sol – Sol7 – Do)

Laudato Sii, O mio Signore (4)

(Do – Lam – Rem – Sol – Sol7 – Do)

3. Fratello Sole, Sorella Luna
(S. Francesco)

Dolce è sentire come nel mio cuore,
ora umilmente sta nascendo amore.

(Re – La – Sol – La – Re)
(Sol – La – Re – Sim – Sol – La – Re)

Dolce è capire che non son più solo,
ma che son parte di una immensa vita,
che generosa risplende intorno a me,
dono di Lui, del Suo immenso amore.

(Re – La – Sol – La – Re)
(Sol – La – Re – Sim – Sol – La – Re)
(Sim – Re – Sol – La – Re)
(Sim – Re – Sol – La – Re)

Ci ha dato il cielo e le chiare stelle,
fratello sole e sorella luna,
la madre terra con frutti, prati e fiori,
il fuoco, il vento, l'aria, l'acqua pura,
fonte di vita per le Sue creature,
dono di Lui, del Suo immenso amore.

(Re – La – Sol – La – Re)
(Sol – La – Re – Sim – Sol – La – Re)
(Re – La – Sol – La – Re)
(Sol – La – Re – Sim – Sol – La – Re)
(Sim – Re – Sol – La – Re)
(Sim – Re – Sol – La – Re)

4. S. Francis Prayer

Lord make me an instrument of Thy peace.
Where there is hatred let me sow love.
Where there is injury let me sow pardon.
Where there is doubt let me sow faith.
It is in giving that we receive.
It is in pardoning that we are pardoned.
It is in dying that we are born.
That we are born to eternal life.

(Sol – Re – Sol)
(Sol – Re (Ds4) – Do – Re – Sol)
(Sol – Re – Sol)
(Sol – Re (Ds4) – Do – Re – Sol)
(Do – Sol – Dom)
(Do – Sol – Dom)
(Mim – Si♭ – Dom)
(Sol – Re – Sol)

Preghiera di S. Francesco

Signore, fa di me uno strumento della Tua pace;
dove c'è odio, lascia che io porti l'amore.
Dove c'è offesa, lascia che io porti il perdono.
Dove c'è dubbio, lascia che io porti la fede;
è nel donare che noi riceviamo.
Nel perdonare che veniamo perdonati.
Nel morire che possiamo rinascere alla vita eterna.

5. Ave Maria Kyrie Eleison

I am one with the heart of the Mother
I am one with the heart of love
I am one with the heart of the Father
I am one with God
Ave Maria
Kyrie Eleison
(Refrain)

(Lam – Rem)
(Sol – Do)
(Lam – Rem)
(Sol – Mi7)
(Lam – Rem – Sol – Do)
(Lam – Rem – Sol – Mi7)

Versione italiana:

Noi siam uno col cuore della Madre
Noi siam uno col cuor dell'Amor
Noi siam uno col cuore del Padre
Noi siam uno con Dio

Kyrie Eleison (letteralmente dal greco "Signore abbi pietà")

6. Holy Mary

Holy Mary, teach us devotion and light, devotion and light.

(Solm – Si♭ – Solm – Si♭ – Fa – Solm)

Santa Maria, insegnaci ad apprendere la devozione e la luce.

7. Alleluia

Alleluia Allelu-Alleluia, Alleluia Alleluia...

(Do – Sol – Lam – Do – Fa – Do – Sol)

8. Amen

Amen...

(Mim – Re – Mim)

9. Alleluia

Alleluia, Alleluia
Amen, Amen

(Do – Sol – Lam – Mim – Fam – Rem – Solm – Mim)
(Do – Fa – Sol – Lam –Si – Do)

10. God is Love

God is love, just love, really love, pure love.
God is love just love, really love, pure love.

(Do – Mim – Rem – Do)
(Do – Lam – Sol7 – Do)

Dio è amore, soltanto amore, vero amore, puro amore…

11. Sing Halleluiah

Sing Halleluiah to our Lord
Sing Halleluiah to our Lord
Sing Halleluiah, sing Halleluiah
Sing Halleluiah to our Lord
Sing Halleluiah to our Lord

(Rem – Do – Rem)
(Rem – Do – Rem)
(Rem – Mim – Rem – Do)
(Rem – Do – Rem)
(Rem – Do – Rem)

Cantiamo Alleluia a Dio, nostro Signore.

12. Bonum est confidere

Bonum est confidere in Domino,
Bonum sperare in Domino.

(Rem – Lam – Rem – Do)
(Fa – Si^b – Do – Fa – Do – Rem – Si^b – Do – Rem)

È bene confidare nel Signore, è bene sperare nel Signore.

13. Ubi Caritas

Variante 2

Ubi Caritas et Amor,

Ubi Caritas Deus ibi est.

(Fa – Do – Rem – (Fa) – Si^b – Rem – Do)

(Do – Sol – Lam – Rem – Lam – Sol)

(Fa – Do – Rem – Si^b – Do – Fa)

(Do – Sol – Lam – Fa – Sol – Do)

Dove c'è carità e amore, là vi è Dio.

<u>*Ev. cantare anche in altre lingue:*</u>

Where charity and love are, God is there.

Wo Güte und Liebe herrscht, da i st Gott.

14. Laudate Omnes Gentes

Laudate omnes gentes, laudate Dominum.

(Do – Sol – Lam – Sol)

(Mi^b – Si^b – Dom – (Si^b) – Dom – Si^b)

Laudate omnes gentes, laudate Dominum.

(Do – Sol – Lam – Fa – Sol – Do)

(Mi^b – Si^b – Mi^b -La^b – (Si^b) – Mi^b)

Lodate il Signore tutte le genti.

Ev. cantare anche in altre lingue:

Sing praises, all you peoples,
sing praises to the Lord.

Lobsingt, ihr Völker alle,
lobsingt und preist den Herrn.

15. Domine Jesu

Domine Jesu, Domine Jesu, Domine Jesu Christe...

(Rem – Fa – Do – Rem)

Signore Gesù, Signore Gesù Cristo...

16. Dance of Jesus

La La La La La La La La La...
La La La La La La La La La...

(Rem – Dom – Rem – Dom – Rem)
(Rem – Dom – Rem – Dom)

(Canto aramaico antico)

17. Magnificat

Magnificat, Magnificat, Magnifiact anima mea Dominum.

(Sol – Do – Re – Sol – Re – Do – Re – Sol)

Magnificat Magnificat Magnificat anima mea!

(Sol – Do – Re – Sol – Re – Do – Re – Sol)

Canon:
Magnificat, magnificat,
anima mea Dominum, anima mea Dominum.

(Do – Re – Sol – Re – Do – Re – Sol)
(Re – Do – Re – Sol – Do – Re – Sol)

L'anima mia magnifica il Signore, l'anima mia glorifica il Signore!

18. Misericordias Domini

Misericordias Domini,
in aeternum cantabo.

(Rem – La – Rem – Do)
(Fa – Do – Rem – La – Rem)

Canterò in eterno le misericordie del Signore.

19. Cantate Domino (canon)

1. Cantate Domino
2. Alleluia, Alleluia!
3. Jubilate Deo

(Dom – Sol)
(Mi^b – Dom – Si)
(Dom – La^b – Solm)

Cantate al Signore, Alleluia, lodate il Signore!

20. Nulla ti turbi

Nulla ti turbi, né ti spaventi, Dio ti ama, niente ti manca
Nulla ti turbi, né ti ti spaventi, solo Dio basta.

(Do – Fa – Sol – Do – Lam – Si – Mi – Lam)
(Do – Fa – Sol – Do – Lam – Si – Mi – Lam)

21. Confitemini Domino

Confitemini Domino, quoniam bonus.
Confitemini Domino, Alleluia.

(Re – Sim – Re – La)
(Mim – Do – Mim – La – Re)

È bene confidare nel Signore.

22. Gloria, gloria (canon)

Gloria, gloria, in excelsis Deo!
Gloria, gloria, alleluia, alleluia!

(Rem – Si^b – Do – Rem – Do – Lam – Fa)
(Rem – Si^b – Do – Rem – Fa – Do – Fa)

Gloria a Dio nell'alto dei cieli!

23. Bless the Lord

Bless the Lord, my soul, and bless God's holy name.
Bless the Lord, my soul, who leads me into life.

(Rem – Sol – Rem – Sib – Do – Fa – La)
(Rem – Sol – Rem – Do – Rem)

Benedici la mia anima Signore e il santo nome di Dio. Benedici la mia anima Signore, che mi conduci alla vera vita.

24. Dona la pace

Dona la pace Signore a chi confida in te. Dona,
Dona la pace Signore, dona la pace.

(Lam – Mi – Lam – Do – Mi)
(Lam – Mi – Do – Rem – Lam – Mi – Lam)

25. Nel dare e perdonare

Nel dare e perdonare vive l'amore.
Nel dare e perdonare vive l'amore.
Perché in tutto, in tutto c'è Dio.
Perché in tutto, in tutto c'è Dio.
Nostro Padre;
nostra Madre.

(Rem – Solm – Do – Rem)
(Rem – Solm – Do – Fa)
(Si^b – Do – Rem)
(Si^b – Do – Rem)
(Rem – Si^b – Rem)
(Rem – La – Rem)

26. Scegli la strada di Dio

Scegli la strada che porta alla gioia, scegli la strada di Dio.
Scegli la strada che porta alla pace, scegli la strada di Dio.

(Lam – Rem)
(Rem – Lam – Mi7 – Lam)

Che è nel tuo cuor, che è nel mio cuor.

(Lam – Rem – Mi7 – Lam)

Scegli la strada che porta alla vita, scegli la strada di Dio.
Scegli la strada che porta alla luce, scegli la strada di Dio

(Lam – Rem)
(Rem – Lam – Mi7 – Lam)

Che è nel tuo cuor, che è nel mio cuor.

(Lam – Rem – Mi7 – Lam)

Scegli la strada che vince il dolore, scegli la strada di Dio.
Scegli la strada che toglie ogni dubbio, scegli la strada di Dio.

(Lam – Rem)
(Rem – Lam – Mi7 – Lam)

Che è nel tuo cuor, che è nel mio cuor.

(Lam – Rem – Mi7 – Lam)

Scegli la strada che porta alla resa, scegli la strada di Dio.
Scegli la strada che insegna ad amare, scegli la strada di Dio.

(Lam – Rem)
(Rem – Lam – Mi7 – Lam)

Che è nel tuo cuor, che è nel mio cuor

(Lam – Rem – Mi7 – Lam)

27. Oh Lord Hear My Pray'r

Oh Lord, hear my pray'r (2)   (Lam – Sol)
When I call, answer me   (Fa – Mi7)
Oh Lord, hear my pray'r (2)   (Lam – Sol)
Come and listen to me.   (Fa – Mi7 – Lam)

Please show me the way (2)   (Lam – Sol)
Oh my Lord, show me the way,   (Fa – Mi7)
Show me how to love, show me how to live (Lam – Sol)
And how to join You.   (Fa – Mi7 – Lam)

Be with me, my Lord (2)   (Lam – Sol)
Oh my Lord, please hold me,   (Fa – Mi7)
Don't leave me, my Lord (2)   (Lam – Sol)
And don't let me go.   (Fa – Mi7 – Lam)

Please guide me, my Lord (2)   (Lam – Sol)
Oh my Lord, please guide me,   (Fa – Mi7)
Please guide me back home, to where I belong, (Lam – Sol)
Home to where I come from. (2)   (Fa – Mi7 – Lam)

O Signore, ascolta la mia preghiera, ti prego dammi un segno, O Signore ascolta la mia preghiera, ti prego vieni, ascoltami.

Per favore mostrami la via, O Signore mostrami la via, insegnami ad amare, a vivere e come fare per raggiungerti.

Stai con me mio Signore, O mio Signore per favore tienimi per mano, non abbandonarmi e non lasciarmi andare.

Per favore guidami Signore, O Signore per favore guidami, riconducimi a casa, da dove provengo.

28. Jesus Your Light

Jesus – your light is shining within us,
Let not my doubts and my darkness speak to me.
Jesus your light is shining within us.
Let my heart always welcome your love.

(Lam – Rem – Sol – Lam)   (Si – Mim – La – Re – Sol)
(Lam – Rem – Mi – Lam)   (La – Re – Si – Fa#)
(Lam – Rem – Sol)   (Si – Mim – La – Re)
(Lam – Rem – Mi – Lam)   (Sol – Fa# – Si)

Cristo Gesù, mia luce interiore,
non lasciare che le tenebre mi parlino
Cristo Gesù, mia luce interiore
Fa che io possa accogliere il tuo amor.

(Lam – Rem – Sol – Lam)   (Si – Mim – La – Re – Sol)
(Lam – Rem – Mi – Lam)   (La – Re – Si – Fa#)
(Lam – Rem – Sol)   (Si – Mim – La – Re)
(Lam – Rem – Mi – Lam)   (Sol – Fa# – Si)

Christus Dein Licht, verklärt unsere Schatten,
Lasse nicht zu, dass das Dunkel zu uns spricht.
Christus Dein Licht, erstrahlt auf der Erde und Du sagst
uns: „Auch ihr seid das Licht".

(Lam – Rem – Sol – Lam)   (Si – Mim – La – Re – Sol)
(Lam – Rem – Mi – Lam)   (La – Re – Si – Fa#)
(Lam – Rem – Sol)   (Si – Mim – La – Re)
(Lam – Rem – Mi – Lam)   (Sol – Fa# – Si)

Jésus le Christ lumière intérieure, Ne laisse pas mes
ténèbres me parler.
Jésus le Christ, lumière intérieure,
Donne moi d'accueillir ton amour.

(Lam – Rem – Sol – Lam)   (Si – Mim – La – Re – Sol)
(Lam – Rem – Mi – Lam)   (La – Re – Si – Fa#)
(Lam – Rem – Sol)   (Si – Mim – La – Re)
(Lam – Rem – Mi – Lam)   (Sol – Fa# – Si)

Christo Jesús, oh fuego que abrasa, Que las tinieblas
en mí no tengan voz.
Cristo Jesús, disipa mis sombras.
Y que en mí sólo hable tu Amor.

(Lam – Rem – Sol – Lam)   (Si – Mim – La – Re – Sol)
(Lam – Rem – Mi – Lam)   (La – Re – Si – Fa#)
(Lam – Rem – Sol)   (Si – Mim – La – Re)
(Lam – Rem – Mi – Lam)   (Sol – Fa# – Si)

Senhor Jesus, Tu és luz do mundo; dissipa astrevas
que me querem falar.
Senhor Jesus, és luz na minh'alma;
saiba eu acolher o teu amor.

(Lam – Rem – Sol – Lam)   (Si – Mim – La – Re – Sol)
(Lam – Rem – Mi – Lam)   (La – Re – Si – Fa#)
(Lam – Rem – Sol)   (Si – Mim – La – Re)
(Lam – Rem – Mi – Lam)   (Sol – Fa# – Si)

29. Oh My Cloud Coloured Christ

(Paramahansa Yogananda)

Oh my cloud coloured Christ come
Oh my cloud coloured Christ come
Oh my Christ, oh my Christ
Oh my Christ, oh my Christ
Jesus Christ come (2)

(Rem – Lam – Rem)
(Rem – Lam – Rem)
(Do – Rem)
(Do – Rem)
(Rem – Do – Rem)

Dalle nuvole, oh, vieni! Nella luce, o Cristo vieni!
Mio Cristo, mio Gesù, mio Cristo, mio Gesù,
vieni mio Gesù!

E. Canti di varie religioni e filosofie

1. Shalu Shalom Yerushalayim

Variante 2

Shalu Shalom Yerushalayim	(Dom – Fam)	(Lam – Rem)
Shalu Shalom Yerushalayim	(Sol7 – Dom)	(Mi7 – Lam)
Shalu Shalom Yerushalayim	(Dom – Fam)	(Lam – Rem)
Shalu Shalom Yerushalayim	(Dom – Sol7 – Dom)	(Lam – Mi7 – Lam)

Pray for the peace of Israel	(Dom – Fam)	(Lam – Rem)
Pray for the peace of Ishmael	(Sol7 – Dom)	(Mi7 – Lam)
Pray for the peace of all the world	(Dom – Fam)	(Lam – Rem)
All the world shall live in peace	(Dom – Sol7 – Do)	(Lam – Mi7 – Lam)

Shalom, Shalom	(Dom – Fam)	(Lam – Rem)
Shalom, Shalom	(Si^b – Mi^b)	(Sol – Do)
Shalom, Shalom	(La^b – Fam)	(Fa – Rem)
Shalu Shalom Jerushalayim	(Dom – Sol7 – Dom)	(Lam – Mi7 – Lam)

Salve Gerusalemme!
Preghiamo per la pace di Israele,
Preghiamo per la pace di Ismaele,
Preghiamo per la pace del mondo intero,
Il mondo intero dovrebbe vivere in pace.

(Canto ebraico)

2. Hevenu Shalom Alechem

Hevenu Shalom Alechem, Hevenu Shalom Alechem, Hevenu Shalom Alechem!
Hevenu Shalom, Shalom, Shalom Alechem!

(Lam – Rem)
(Mi – Lam)
(Mi – Lam)

E sia la pace con noi (3), Hevenu Shalom, Shalom, Shalom Alechem!

(Lam – Rem – Mi – Lam – Mi – Lam)

Et la paix soit avec nous (3), Hevenu Shalom, Shalom, Shalom Alechem!

(Lam – Rem – Mi – Lam – Mi – Lam)

Und sei der Friede mit uns (3), Hevenu Shalom, Shalom, Shalom Alechem!

(Lam – Rem – Mi – Lam – Mi – Lam)

And let be peace with us (3), Hevenu Shalom, Shalom, Shalom Alechem!

(Lam – Rem – Mi – Lam – Mi – Lam)

Diciamo Shalom al mondo, cantiamo Shalom al mondo e sia pace nel mondo! Hevenu Shalom, Shalom, Shalom Alechem!

(Lam – Rem – Mi – Lam – Mi – Lam)

(Canto ebraico)

3. Shalom Chaverim

Shalom chaverim Shalom chaverim Shalom, Shalom!
Le hittaot le hittaot
Shalom, Shalom!

(Rem – Fa – La – Rem – (Do) – Fa)
(Rem – Fa– Rem)
(Lam – Rem – Lam – Rem)

Shalom o my friends, Shalom. Peace my dear friends, t'ill we meet again.

Salve miei cari amici, salve. Pace miei cari amici, possiate andare in pace fino al prossimo incontro.

(Canto ebraico)

4. Om Namo Amitabhaya

Om Namo Amitabhaya
Buddhaya, Sanghaya, Dharmaya
Om Namo, Om Namo, Om Namo Amitabhaya (2)
Om Namo Amitabhaya
Buddhaya, Sanghaya, Dharmaya

(Lam – Rem)
(Lam – Sol – Lam)
(Lam – Sol – Fa – Lam)
(Lam – Rem)
(Lam – Sol – Lam)

(Canto di lode al Signore Buddha)

5. Om Mani Padme Hum

Om Mani Padme Hum, Om Mani Padme Hum
Om Mani Padme Hum, Om Mani Padme Hum

(Rem – Mi7 – Lam)
(Lam – Rem – Lam)

(Mantra buddista della compassione)

6. La Ilaha Ilala

La ilaha ilala, la ilaha ilala…

(Rem – Lam – Rem)

(Canto/Mantra Sufi dal significato "Non vi è altro che Allah" (Dio))

7. Let My Heart

Let my heart reflect Thy light Lord
As the moon reflects the light of the sun in love,
Always in love

(Rem – Lam – Rem)
(Rem – Lam – Rem – Lam – Rem)
(Lam – Rem)

Hu Allah, Allah Hu, Allah
Hu Allah, Allah Hu, Allah Hu Allah

(Rem – Do – Rem – Do)
(Rem – Do – Rem)

(Canto Sufi; Hu Allah = Dio è amore)

8. Allah Hu

Allah Hu Allah Hu Allah Hu (2)   (Do – Sol – Do)
Hari Bol Hari Bol Hari Bol (2)   (Do – Sol – Do)
God is Love God is Love God is Love (2)   (Do – Sol – Do)
Jesus Christ, Jesus Christ, Jesus Christ (2)
(Babaji, Divine Mother ecc.)

(Canto di lode a Dio e alle sue varie manifestazioni)

9. Armiti Anahita

Variante 2

Armiti Anahita	(Re)	(Do)
Atar Biyu	(La – Re)	(Sol – Do)
Armiti Anahita	(Re)	(Do)
Atar Biyu	(La – Re)	(Sol – Do)
Ahura Mazda, Ahura Mazda (2)	(Sol – Re – La – Re)	(Fa – Do – Sol – Do)

*(Canto zoroastriano: Nell'antica lingua persiana dell'Avesta (Abhashta =
la legge) "Ahura Mazda" significa "Saggezza di Dio")*

10. Loka Samasta

May the love we're sharing spread its wings,   (Rem)
Fly across the earth and bring new joy to every soul that (Rem – Do – Lam – Rem)
is alive.

Loka Samasta Sukhino Bhavantu   (Do – Lam – Rem)
May all the beings and all the world be happy (Do – Lam – Rem)

*Possa l'amore che condividiamo sbocciare, volare intorno alla terra
portando gioia a ogni essere vivente.*

*Loka Samasta Sukhino Bhavantu (letteralmente tradotto dal Sanskrito:
"Possano tutti gli esseri di tutti i piani di esistenza essere felici".*

11. I Will Never Forget Thee
(Paramahansa Yogananda)

Listen listen listen to my heart's song   (Sol – Mim – Do – Mim)
Listen listen listen to my heart's song   (Sol – Mim – Do – Mim)
I will never forget Thee, I will never forsake Thee (2) (Re – Do – Mim)
I will always love you, I will always serve you (2) (Re – Do – Mim)

Mai più Ti scorderò:

*Odi, o Signore il canto del mio cuor (2)
Odi o Signore il canto del mio cuor,
mai più Ti scorderò, io mai Ti tradirò (2)*

mai più Ti scorderò, io mai Ti tradirò (2)

12. Sono il ciel (I am the Sky)
(Paramahansa Yogananda)

Sono il ciel, oh sono il ciel! (2)
Vasto nell'anima, piccolo qui, vengo dal ciel,
vengo dal ciel, ritornerò lì. (2)
Soffio Tuo, Signor! (2)

(Re – Sol – Mim – La)
(Re – Sol (Re – Sol) – Re)
(Re – Sol (Re – Sol) – Re)
(La – Mim – La – Mim – La)

Testo originale:

I am the sky, Mother, I am the sky
I am the vast blue ocean of sky
I am a little drop of the sky – Frozen sky

13. Thou Art My Life
(Paramahansa Yogananda)

Tu sei la mia vita, il mio amor, oh quanto è dolce
stare con Te (2)
Quando Ti penso con amor,
quando Ti penso con amor, Tu sei con me, Amato Dio
Ti conosce solo chi il suo cuore apre a Te (2)

(La – Re – La – Re – La – Mi – La)
(Mi – La)
(Mi – La – Re – La)
(Mi – La – Re – La – Sim – Mi – Re – Mi)
(La – Re – Mi7/Mi – Mi – Mi7 – La)

Testo originale:

Thou art my life, Thou art my love,
Thou art the sweetness which I do seek (2)
I taste thy name, so sweet, so sweet,
Devotee knows,
How sweet you are (2)
He knows, whom you let know (2)

14. Sono Om (I Am Om)
(Paramahansa Yogananda)

Sono Om, sono Om (2)
Om sono Om   )
Onnipresente, sono Om   ) = *frase unica ripet. 2x*
Beato, sono Om   )
Om, Om, vieni a me, vieni a me, oh vieni a me (2)
Sono Om, sono Om (2)
Om, Om, Om

(La – Re – La)
(Re (Sol – Re – Sol – Re) – La)
(Re (Sol – Re – Sol – Re) – La)
(Re (Sol – Re – Sol – Re) – La)
(Re – Sol – Re – La – Mim – Sol – La)
(La – Re – La)
(Re – La – Re – La – Re)

15. Oh Great Spirit

Variante 2

Oh Great Spirit,
Earth, sun, sky and sea
You are inside and all around me

(Lam)   (Rem)
(Lam – Do)   (Rem – Fa)
(Do – Lam – Do – Sol –   (Fa – Rem – Fa – Do –
Lam)   Rem)

O Grande Spirito,
La terra, il sole, il cielo e il mare…
Tu che risiedi dentro e intorno a me…

(Canto sciamanico)

17. Kuate Leno Leno Mahote

Variante 2

| Kuate Leno Leno Mahote, | (Lam) | (Rem) |
| Hiano, Hiano, Hiano | (Sol – Lam) | (Do – Rem) |

| Make me as one with the infinite Sun, | (Lam) | (Rem) |
| Forever and ever and ever. (2) | (Sol – Lam) | (Do – Rem) |

| Put me in tune with the infinite Moon, | (Lam) | (Rem) |
| Forever and ever and ever. (2) | (Sol – Lam) | (Do – Rem) |

Possa io essere per sempre Uno col sole infinito.

(Canto sciamanico)

18. The River is Flowing

The River is flowing, flowing and growing, the river is flowing back to the sea.   (Mim – Lam – Mim – Si – Mim)

Mother Earth is carring me her child I will always be,   (Mim – Lam – Mim)
Mother Earth is carring me back to the sea.   (Mim – Si – Mim)

Il fiume scorre, scorre e sfocia nel mare. La madre terra mi sta trasportando, io che sono suo/a figlio/a, la madre terra mi sta riconducendo al mare (simbolico = ricondurre a casa, a Dio).

(Canto sciamanico)

19. Agua-Caldera

La La La La La La La La La La... (2)   (Do – Si^b – Do – Si^b)
La La La La La La La – La La La La La La La... (Re – Do – Dom – Si^b –
La La La Yeh – Hi, Yeh – Hi...   Re – Lam – Re – Lam)

(Canto sciamanico – Carioca, BR)

20. Yemaya Assessu
(Deva Premal)

Yemaya Assessu	(La – Sim)
Assessu Yemaya	(Re – Mi – La)
Yemaya Olodo	(La – Sim)
Olodo Yemaya	(Re – Mi – La)

A celebration of the moment when the river meets the ocean, Yemaya is the goddess of the ocean.
(Yoruba, Africa)

Celebrazione del momento in cui il fiume sfocia nell'oceano (incontra l'oceano). Yemaya è la Dea dell'oceano.

(Canto africano, Yoruba)

21. Ide Weré Weré
(Deva Premal)

Ide Weré Weré Nita Ochun	(Mim – Re)	(Solm – Fa)
Ide Weré Weré	(Do7+)	(Mi7+)
Ide Weré Weré Nita Ochun	(Mim – Re)	(Solm – Fa)
Ide Weré Weré Nita Ya	(Do7+)	(Mi7+)
Ocha Kiniba Nita Ochun	(Mim – Re)	(Mi7+ – Fa)
Cheke Cheke Cheke	(Sol – Do)	(Si^b – Mi^b)
Nita Ya	(Re)	(Fa)
Ide Weré Weré	(Sim – Si7)	(Rem – Re7)

Ochun is the goddess of love, chant which speaks about an initiation to love.

Ochun è la dea dell'amore, canto che parla di un'iniziazione all'amore.

(Canto africano, Yoruba)

22. Shima
(Deva Premal)

Shima Shima Shima Shima	(Rem)
Shima Shima	(Rem)
Shi – maya	(Do – Rem)

The word Shima, translated from the language of the Hopi Indian tribe of North America, means "love".

Il termine Shima letteralmente tradotto dal linguaggio della tribù indiana Hopi del Nord America, significa "amore".

(Canto sciamanico)

23. Om Mani Padme Hum
(Deva Premal)

Om Mani Padme Hum	(Lam)
Om Mani Padme Hum	(Sol – Lam)
Om Mani Padme Hum	(Lam)
Om Mani Padme Hum	(Sol – Lam)
Om Mani Padme Hum	(Fa7+ – Sol)
Om Mani Padme Hum	(Fa7+ – Sol – Fa7+ – Lam)
Om Mani Padme Hum	(Lam – Sol – Lam)

(Mantra buddista della compassione)

24. Teyata
(Deva Premal)

Teyata Om Bekanze	(Rem – Do)
Bekanze Maha Bekanze	(Si^b – Lam – Solm)
Radza Samudgate Soha	(Lam-sus – Rem)

Medicine Buddha, you are the King, the Supreme Healer. Please remore illness, illness and the great Illness. Now I offer this prayer.

(One of the most important mantras for healing, it asks for healing from the illusion of duality. This mantra is also used for the dying process.)

Budda della medicina, Tu sei il regnante, il supremo guaritore. Per favore liberami dalla malattia. Ti offro questa preghiera.

(Uno dei mantra della guarigione più importanti, con il quale viene richiesta la liberazione dall'illusione e dalla dualità. Questo mantra viene anche ripetuto durante il processo di trapasso di un morente.)

25. Om Tare Tutare
(Deva Premal)

Om Tare Tutare	(Lam – Fa7+)
Ture Soha	(Sol – Lam)
Om Tare Tutare	(Rem – Mi7)
Ture Soha	(Fa7+)

Om and Salutations. May the Mother of All guide me. May the Supreme Goddess protect me and open my eyes to The Light.

Tara: The Goddess of Compassion, the Universal Mother, born from a tear shed by *Avalokiteshvara*, as he looked upon the suffering of the world. Healing can only happen through love and compassion. Tara you are the embodiment of this great love. Seen through your eyes, our ills and discomfort are nothing more than great Songs of Awakening.

Avalokiteshvara: Om e acclamazioni. Possa la Madre universale guidarmi. Possa la Dea Suprema proteggermi e aprire i miei gli occhi alla Luce.

Tara: Dea della compassione, Madre universale, nata da una lacrima versata dal Budda Avalokiteshvara, quando volse il suo sguardo alla sofferenza del mondo. La guarigione può avvenire unicamente per mezzo dell'amore e della compassione. Tara, tu sei l'incarnazione di questo grande amore. Visti attraverso i tuoi occhi, i nostri mali e sconforti non sono nient'altro che "dei canti volti al risveglio".

26. Nisha Nisha
(Ninna Nanna)

Nisha Nisha Nisha	(Do)
Nisha Nisha Nisha	(Lam)
Nisha Nisha Nisha	(Do)
Hayo Weyah	(Lam)
Hayo Weyah	(Lam)

(Canto indiani d'America)

27. Ishq-Allah
(Deva Premal)

Ishq-Allah Mah-Bud-Lillah   (La – Mi – Fa#m – Re)
Ishq-Allah Mah-Bud-Lillah   (La – Fa#m – Re – La)
Allah Ya Jamil   (La – Fa#m)
Allah Ya Jamil   (Re – La)
Allah Ya Jamil   (Fa#m – Sim)
Allah Allah   (Mi – La)

Sufi song > "God is love, lover and beloved, God is beauty". (From "Songs for the Inner Lover")

Canto Sufi > "Dio è amore, l'amante e l'amato, Dio è bellezza" (Da "Songs for the Inner Lover")

28. So Much Magnificence
(Deva Premal)

There is so much magnificence   (Re – La – Sim– F#m)
near the ocean   (Sol - Re)
Wawes are coming in   (Mim)
Wawes are coming in   (La7)
Halleluja

Sufi Song > From "Songs for the Inner Lover"

Canto Sufi > Da "Songs for the Inner Lover"

29. Sunrise
(by Miten)

Sunrise   (Mi)
Over the mountain   (La – Mi)
Spreading your light   (Mi – La)
Over the land   (Mi-Si7)
Sunrise   (Mi)
Another new morning   (La – Mi)
We celebrate   (La)
We are the new man   (Si7 – Mi)

"Sorgere del sole, sopra la montagna, che estende la tua luce sopra il paesaggio, Sorgere del sole, un altro nuovo giorno, noi festeggiamo, siamo gli uomini nuovi."

30. Noi tutti veniamo dalla Dea
(Z. Budapest)

Variante 2   Variante 3

Noi tutti veniamo dalla Madre
E a Lei torneremo
Come una goccia di pioggia
Che cade nell'oceano

(Lam)   (Rem)   (Solm)
(Lam – Sol – Lam) (Rem – Do – Rem) (Solm – Fa – Solm)
(Lam)   (Rem)   (Solm)
(Lam – Sol – Lam) (Rem – Do – Rem) (Solm – Fa – Solm)

Noi tutti veniamo dalla Vergine
E a Lei torneremo
Come boccioli di fiori
Che sbocciano in primavera

(Lam)   (Rem)   (Solm)
(Lam – Sol – Lam) (Rem – Do – Rem) (Solm – Fa – Solm)
(Lam)   (Rem)   (Solm)
(Lam – Sol – Lam) (Rem – Do – Rem) (Solm – Fa – Solm)

Noi tutti veniamo dalla Madre
E a Lei torneremo
Come un chicco di frumento
che cade al passaggio dei mietitori

(Lam)   (Rem)   (Solm)
(Lam – Sol – Lam) (Rem – Do – Rem) (Solm – Fa – Solm)
(Lam)   (Rem)   (Solm)
(Lam – Sol – Lam) (Rem – Do – Rem) (Solm – Fa – Solm)

Noi tutti veniamo dalla Saggia
E a Lei torneremo
Come una luna calante
Che splende sulla neve invernale

(Lam)   (Rem)   (Solm)
(Lam – Sol – Lam) (Rem – Do – Rem) (Solm – Fa – Solm)
(Lam)   (Rem)   (Solm)
(Lam – Sol – Lam) (Rem – Do – Rem) (Solm – Fa – Solm)

We all come from the Mother
And to Her we shall return
Like a drop of rain
Flowing to the ocean

We all come from the Maiden
And to Her we shall return
Like budding flowers
Blooming in the spring time

We all come from the Mother
And to Her we shall return
Like a grain of wheat
falling to the reapers side

We all come from the Wise One
And to Her we shall return
Like a waning moon
Shining on the winter snow

31. Wendeyaho

Wendeyaho, Wendeyaho,
Wendeyaho, Wendeyaho, Ho ho ho ho,
He ya ho, He ya ho, Ya ya ya

(Do)
(Lam – Fa)
(Do – Lam – Sol – Do)

(Canto Cherokee dell'alba)

LIBERTÀ - LUCE - AMORE

da

ISHVARA

Dawio Bordoli

Insegnante di Yoga sciamanico, costellatore immaginale, musicoterapista, suona la chitarra a 12 corde, Master Reiki, channelor, ricercatore spirituale, ha creato insieme a sua moglie Maria Theresia diverse tecniche di crescita personale e spirituale come l'Ishvara Amrita Yoga, Costellazioni Relazionali, Ishvara Healing Meditation, Zen-Satsang e la Pittura Zen creativa e conducono insieme diversi gruppi per la crescita personale, spirituale e di Kirtan/Bhajan. Ha pubblicato 12 libri.

Donatella Santocono

Ricercatrice spirituale e appassionata di discipline meditative della tradizione orientale e occidentale sin dalla giovane età. Ha frequentato gruppi di Maestri spirituali di vari lignaggi in Svizzera e all'estero e partecipato inoltre a corsi e seminari per la crescita interiore, conseguendo delle formazioni nell'ambito della guarigione. Ha studiato musica classica, suona il pianoforte e il flauto traverso, collaborando ed esibendosi per diversi anni in gruppi musicali di musica classica e d'improvvisazione, nonché in gruppi di canti devozionali Kirtan/Bhajan, suonando anche l'harmonium indiano.

Maria Theresia Bitterli

Master of Art in Counseling relazionale, Bachelor in scienza della comunicazione, costellatrice e counselor immaginale, drammaterapista, musicoterapista, suona l'harmonium e l'arpa, arteterapista, Master Reiki, channelor, medium e guaritrice della luce, insegnante di Yin Yoga, AuyrYoga, Yesudian e Yoga sciamanico, astrologa, naturopata, ricercatrice spirituale, ha creato insieme a suo marito Dawio diverse tecniche di crescita personale e spirituale come l'Ishvara Amrita Yoga, Costellazioni Relazionali, Ishvara Healing Meditation, Zen-Satsang e la pittura Zen creativa e conducono insieme diversi gruppi di attività per la crescita personale, spirituale di Kirtan/Bhajan. Ha pubblicato 18 libri.